繪本給你教養力

在故事裡
和孩子一起成長

李貞慧——著

CONTENTS

CONTENTS

序言：從繪本閱讀中反思自身對子女的教養方式

在孩子年紀尚小時，身爲新手媽媽的我，閱讀了不下百本的親職教養書籍。從學生時代至今，閱讀是我每每遭遇生命困惑和問題時，慣常尋找答案的方式。當時初任母親的我，迫切的想要從書本中獲得育兒的實用建議及教養相關的想法與做法。就在好幾年時間的大量閱讀，以及每日親身的教養實踐和修正下，我慢慢形塑出自己的教養風格，不再無所適從，不再彷徨失措。這段歷程讓我更加堅信，閱讀加上自身陪伴孩子經驗的積累，時常能夠讓我更加清楚在爲人母的路上，我想當一個什麼樣的母親？而又期待教養出什麼樣的孩子？

如今，我已當了十三年的母親，我發現自己閱讀親職教養書的冊數慢慢地減少了，這絕對不是因爲覺得自己在母親這個角色上已扮演得很好，無須再多做功課、多下工夫的緣故，而是我從另一類書中吸取到更多當媽媽的能量與養分。是的，親愛的讀者，您猜對了，我所指的書正是繪本。您或許不禁感到困惑：「繪本不就是給幼兒看的淺易故事書嗎？能帶給身爲父母的我們什麼樣的育兒靈感或心靈滋養呢？」

有不少繪本故事以親子互動爲題材，繪本創作家藉由一個又一個或趣味幽默或溫柔感性或創意十足的好故事，引領我們去看見自己、省思自己，從而調整自己與孩子之間的相處模式。在故事中，我們嗅聞不到絲毫說教語氣，也沒有感覺到故事背後有個所謂的親職專家在對我們下指導棋，頻頻告訴我們在面對孩子時，哪些可爲、哪些不可爲。許多道理我們不是不明白，無須旁人苦口婆心不斷在我們耳根前一再提醒，那只會令我們感到抗拒。我們缺的是「心被打動」，當心被好故事打動了，心才有可能柔軟下來，這時候，我們才有可能眞正的去調整自己在親職上的想法與做法。在心沒有被觸動到之前，道理永遠只停留在頭腦理性認知層面，唯有感動由心萌生，我們才有機會眞正啓動思想與行爲的調整與改變。好故事本身就有這般觸動人心的力道，這就是爲什麼現在我愛閱讀繪本故事，勝過空泛說理的教養書之一大主因。

這麼說，絕非全盤否定市面上所有的教養書，事實上坊間還是不乏值得細讀的優質教養書。只是字少、插畫吸睛且故事性強的繪本，對忙碌的爸媽來說，是更快吸取育兒能量的來源。這也是我想寫下這本書的初衷，透過與孩子共讀親子繪本故事，不但與孩子之間有更多情感的互動與交流，爸爸媽媽也透過這些繪本得到觸動、療癒與暖心的提醒。我自己便時常在閱讀親子繪本中得到撫慰和啓發，因爲自己從中得著益處，所以有了撰寫這本書的念頭，希望可以把我讀了有所感的繪本分享給更多同在親職路上努力的爸爸和媽媽，讓我們一起在閱讀故事中成長、增能，更有信心當個夠好（夠好就好，不必追求完美無瑕）的父母親。

這本書裡的每篇文章會先介紹一本繪本，然後我會就這本繪本說說我的感受、想法與觀點。我不是教養專家，只是個不時提醒自己要用心陪伴孩子長大的母親，我說的話不盡然所有家長都會認同，但這一點兒也沒有關係。我只是想透過這本書，開啟與讀者之間一場美好的分享與交流。如果您讀了這本書之後，有所感受想要說予我聽，請您務必來信，讓我也有機會好好聽您說。

這是貞慧的第六本書，希望您會喜歡，也祝福您我都能夠擁有安穩的身心，提供孩子安穩的環境，讓孩子安穩的長大。

1 《被生下來的孩子》
——孩子是為了愛而來到人間

【故事介紹】

有個小孩因爲不想被生下來，所以就沒被生下來。他每天在宇宙間盪啊盪，晃呀晃的，就算身體碰到星星，也不覺得痛；就算是很靠近太陽，也不會感到炙熱，畢竟他沒有被生下來，所有的一切都和他一點兒關係也沒有。

有一天，這個沒被生下來的孩子來到地球。有隻狗看到他，跟隨著他，對他聞個不停，還舔了舔他。不過，小孩對此沒有絲毫感覺，因爲他沒有被生下來，所以所有的感覺都不存在。

沒有被生下來的孩子聞到麵包店傳來的麵包香氣，不會想吃；看到消防車或看到警察追小偷，也全無感受。

這時來了一個帶著一隻狗的小女孩，她對沒有被生下來的孩子打招呼。沒有被生下來的孩子覺得他們之間沒有任何關係，所以對她不理不睬。突然，一直跟在沒有被生下來的孩子身邊的狗，對著女孩身旁的狗大叫起來。兩隻狗開始相互叫囂，緊跟著沒有被生下來的孩子的那隻狗還咬了小女孩的屁股和腳。小女孩的狗看到了，也不甘示弱的反咬沒有被生下來的孩子的手和腳，不過因爲沒有被生下來，他一點兒也不覺得痛。

小女孩哭著衝回家找媽媽，媽媽溫柔的幫小女孩洗身體、擦藥、貼繃帶。沒有被生下來的孩子看到了，也好想有人幫他貼繃帶喔！他喊著：「繃帶！繃帶！」沒有被生下來的孩子於是出生了。被生下來的孩子因爲被小女孩的狗咬傷，手和腳都好痛，他哭著對他的媽媽說：「媽媽我好痛哦！」媽媽緊緊抱著他，給他安慰，並幫他洗身體、擦藥、貼繃帶。現在他聞到麵包香，肚子會餓；被蚊子叮，會覺得癢，還會跟小女孩比誰的繃帶比較大塊。

被生下來的孩子盡情享受著媽媽的疼愛與呵護，好開心好滿足。這天夜裡他睡了一個沒有夢的好覺呢！

【貞慧的媽媽心、媽媽經】

我覺得這本繪本的表現手法相當具有新意，初次閱讀這個故事時，有丈二金剛摸不著頭緒之感，不明瞭作者佐野洋子寫這個故事背後想要傳達的意念與訊息。後來看懂了這個故事之後，我每讀一回便要感動一回……。

我想佐野洋子藉由這個故事想傳達的訊息是：「孩子是爲了愛而來到人間。」

尙未被生下來、還在宇宙之間漫遊的孩子，對世間的任何事物是無感的，他不會覺得痛癢或產生喜怒哀樂等情緒，所有的東西都與他毫無關係。他不懂什麼是愛、什麼是被愛。

然而，有一天，當他在地球上看見一個小女孩被小狗咬，感到疼痛，跑去找媽媽，媽媽溫柔的幫她貼繃帶，給她關愛與安慰時，他開始有了「我也好想得到愛啊！」的強烈心靈渴求。於是，他被生了下來，親嘗被媽媽貼繃帶、被媽媽呵護的甜蜜滋味。最後小男孩在睡前說了一句：「被生下來好累！」，這句話値得深深玩味，在我看來，這是盡情體驗到愛之後感到滿足的疲累。

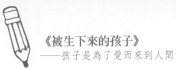

每每重新品讀這個故事，我便捫心自問：「孩子出生至今，我是否滿足了他們想要無條件被母親疼愛的需求？」

孩子因爲愛才來到這個世界，若無法得到父母全然的愛，他們會難過、會失落，會覺得一定是自己不夠好，才沒辦法得到父母的愛，而導致整個人傾向自我否定。這樣帶著受傷的一顆心在人生路上前行的孩子，可能會不時走得跌跌撞撞，一直無法心身感到安適啊。

其實撇開特殊狀況不談，大部分的父母愛孩子是天性，但隨著孩子的成長，父母的這份愛常常發生「質變」，怎麼說呢？記得我兒剛出生時，醫生診斷出他的心臟有雜音，當時我和我先生都非常擔心，甚至徹夜難眠，持續帶孩子定期就診追蹤，直到醫生診判兒子的心臟沒問題後我們才安下心來。那段時間唯一的盼望就是孩子平安健康就好，除此之外，再無他求。

然而，隨著孩子日漸長大，我逐漸忘卻這個單純的願望，開始對孩子懷抱諸多的要求與期待，希望孩子能夠出類拔萃，成爲團體中那顆最耀眼的星。

我兒與我妹的小孩僅差幾天出生，在他們倆進入小學後，我曾有段時日經常比較這兩個孩子在校的課業表現。當兒子哪一次考試稍稍勝出，我便暗喜；若兒子的成績明顯比他的表妹差上一截，我的情緒便會受到波動，忍不住要把兒子叫來跟前數落幾句。

後來，我開始厭煩了這樣的比較，因爲不斷的比來比去，讓我過得不開心，也增加了親子關係的緊張與衝突。我也認知到，每個孩子都是不一樣的個體，硬將他們拿來做比較，對他們是極度不公平的事情。

每個孩子都是宇宙創造獨一無二的寶貝，各有其存在的價值與意義，不是會念書就叫人才，成績差便一無是處。我後來一直給我的兩個孩子一個重要的觀念，希望在他們成長的過程中慢慢自我探尋，找出自己的天賦與興趣。而身爲母親的我則會從旁給予協助與支援。我提醒自己切勿以愛爲名，強加各種名目的壓力在孩子身上，還不斷口口聲聲對他們說「我這是爲你好」。這社會已經有太多個案因爲這樣的藉口而發生無法挽回的悲劇，因此讓身爲父母的你我彼此相互提醒，當聽到孩子反映「活著很累、很辛苦」時，其實就是父母要重新認眞檢視親子關係的重要時刻了。我時常提醒自己莫忘初心，當初是因爲愛而生下孩子，我不想要爲了滿足自己的虛榮心，而不斷在孩子身上加諸各種有形無形的期望與壓力，製造出親子間的疏離與對立，如此只會讓愛漸行漸遠，甚至走到難以修補的困境。

孩子會複製父母的一言一行，如果身爲父母的我們經常給出的是帶有條件的愛，孩子看在眼裡，對於如何愛人會產生扭曲的觀念與做法。若孩子本身在成長的過程中，沒有自我覺察能力或沒能幸運遇見父母之外的其他重要他人，他日將會不自覺地沿用父母對待他們的方式來愛人。思及此，更顯父母身教的重要。爲孩子示範健康、純淨、和諧的愛人方式與能力，是我們給孩子無價的生命禮物啊。

《媽媽看我！》
作者：円七美
譯者：陳澄如
繪者：宮西達也
小魯文化提供

2《媽媽看我！》——父母對孩子的重視與關懷，將成為孩子心田重要的養分來源

【故事介紹】

故事中的小男孩好喜歡媽媽，也期待得到媽媽的關注與肯定。他不斷提醒媽媽要一直看著他，他要做一件很棒、很厲害的事情給媽媽看喔！媽媽千萬不要把眼神從他身上移開喔！到底這個可愛的小小孩要做什麼事給媽媽看呢？原來呀，小男孩學會自己脫褲子、自己開浴室的門、自己爬到馬桶上尿尿喔！他好開心他學會了這件「大事」，急切切的想要與他最親愛的媽咪分享呢！

故事的最後，小男孩笑咪咪的對媽媽說：「明天媽媽也要看著我喔！」

【貞慧的媽媽心、媽媽經】

自己脫褲子如廁，對無身殘的大人來說，是輕而易舉之事，但對小小孩來說，卻是成長

階段很大的進步呢！幼兒自身對於自己能夠不再依賴尿布，在感受到尿意時，脫下褲子，走到馬桶小便這件事是會感到非常開心、且具成就感的。孩子在日常生活中一點一滴慢慢學會生活自理，每學會一樣事物，就多累積了一份自我肯定。在一次次的自我肯定中，孩子長出了內在力量，相信自己有解決問題的能力。

記得兩個孩子還小時，我每天都對他們的每一個小成長、小突破感到歡喜。像是開始學爬、學站、學走路、學會開口叫媽媽、戒尿布、戒奶嘴、自己穿脫衣服、自己洗澡等，他們這些珍貴的成長軌跡我都幫他們留下文字與圖像的紀錄。這些紀錄代表著我對孩子深情的禮讚，我藉由這些紀錄來傳達對孩子的愛與重視，孩子跨出的每一小步，皆美好無比，值得藉由書寫，留下印記。

我的兩個孩子在學齡前，都與媽媽有非常緊密的生活和心靈層面的連結。媽媽是他們的天，是他們心之歸屬，是他們無論做什麼事，都想要第一個分享的對象。那時候的他們，時常和這個故事的小男孩一樣，喜歡對媽媽說：「媽媽，媽媽，你看！」女兒愛畫畫、玩手作，每每有新創作，便迫不及待拿來給媽媽欣賞。兒子愛從事動態活動，他常語帶興奮的與媽媽分享：「媽媽，我自己學會跳繩了耶！我跳給你看喔！你要認真看喔！」、「媽媽，今天跆拳道教練教我們打拳喔！我打給你看，好不好？」、「媽媽，你看，你看！我很會玩這個遊樂設施喔！」孩子企盼媽媽的眼裡、心底都有他們，希望一次又一次從媽媽注視的目光、微笑的臉龐、溫暖的話語，得到鼓勵與肯定。

即便到了現在，這兩個已長成小學高年級的孩子還是喜歡和媽媽分享他們日常裡的小成就、小快樂。女兒完成一個黏土作品，會說：「媽媽，你看！」我總是驚嘆她的藝術天分，誇她做得眞是好啊！而在每晚小喇叭的練習時間，若是女兒自覺自己吹奏的狀況不錯，也會問我：「媽媽，我吹得好嗎？」兒子也不時會想要尋求媽媽的注視，並給予他正增強。他會說：「媽媽，你看我投球喔！你知道這叫什麼球嗎？是指叉球，你看我會投指叉球喔！」、「媽媽，你看我那麼厲害，我把《哈利波特》七集都看完了！」、「媽媽，你看，我自己學會游泳了耶，我是不是很棒？」

我們點點滴滴對孩子的重視與關懷，成了孩子成長過程中重要的養分來源，而我們給予孩子的這些溫暖能量，也將深植孩子心田，讓他們有機會將得到的愛散播出去，成爲有能力給愛的人。

3《媽咪瘋狂的一天》
——媽媽是穩定孩子內心的靈魂人物

【故事介紹】

媽咪一早的生活就像在打仗一樣，急忙叫醒孩子穿衣服、吃早餐，催促一家人不要拖拖拉拉，得趕緊出門上學、上班去啦！

在帶孩子前往學校的路上，媽咪一邊打手機聯絡事情，一邊還要處理兩個孩子之間的小紛爭。媽咪沒有一天是準時送孩子抵達校門的。

媽咪好忙碌啊，一刻也不得閒。兩個小孩好想媽咪陪他們玩，可是媽咪手邊的事情還沒有處理好，請小朋友自己先玩一下。

媽咪有時候會生氣得大吼大叫，有時候則會驚訝於時間過得好快啊，當初的小娃兒怎麼倏忽間就長成大男孩了呢？

媽咪忙歸忙，還是會爲兩個親愛的寶貝騰出時間，和寶貝們一起玩遊戲、烘焙蛋糕，或是躺在草地上觀看雲朵的千變萬化。也會一塊兒玩傳接球、種植盆栽，並悠閒的在林中散步、撿拾落葉。媽咪好享受和寶貝相依偎的幸福時光，好希望這溫馨美好的一刻可以持續到永遠！

【貞慧的媽媽心、媽媽經】

這本繪本道出了一位母親忙碌的日常，想必許多媽媽看了，都會心有戚戚焉吧。

身邊的許多朋友都覺得，身爲母親，週間的早晨想要優雅、從容的度過很困難啊！不僅要速戰速決的把自己打理好，準備出門上班，還得在上班前，喚醒沉睡中的孩子，並爲家人備好早餐。如果孩子遲遲賴床不起，就會壓縮到用餐時間，看孩子沒有把早餐吃完就急急忙忙趕著要上學，不禁掛心孩子會不會還不到學校提供中餐的時間，便飢腸轆轆、餓得頭昏眼花、難以集中精神上課？

我很不喜歡趕時間，若是每天都得這樣匆匆忙忙的開啓新的一天，我會覺得很焦慮、很有壓力。爲了讓自己的晨間更爲從容不迫，這些年來我把自己的作息調整爲早睡早起。晚上不到十點便就寢，隔天約莫清晨五點左右起床。如是，在一日的開始，我便擁有一小段寧靜的獨處時光，這樣安靜的自我陪伴，對我來說很重要，我必須先把自己的心安頓好，才能更具正向能量的面對家庭和職場。而到了該叫醒孩子的時間時，我也盡量不讓孩子感覺到匆忙。我會放首孩子喜歡的歌當作起床號，讓他們在喜愛的歌聲中緩緩甦醒。而在孩子盥洗完畢，食用早餐之際，我會爲孩子朗讀十分鐘的少年小說，引孩子進到他們平日不會想要自己閱讀的書裡去。常常，孩子等不及我隔日再繼續朗讀接下來的篇章，上學前便會把媽媽念到一半的書放進書包裡，準備利用在學校閒暇的時間閱讀。每次誘讀成功，我都會好開心又介紹了一本好書給孩子。

這個故事的前半段描繪忙碌媽媽快節奏的生活步調，後半段則敘述媽媽就算再怎麼繁忙，還是會抽空全心全意的陪伴孩子，讓孩子得以感受到媽媽對他們的重視與愛意。作者後半段故事的安排，無啻是對繁忙度日、無暇陪伴寶貝的父母們一個暖心的提醒。

孩子還小的時候，下班後因爲要照顧小孩、陪小孩玩耍，我幾乎是不會把學校未完成的事務帶回家做的。後來，兩個孩子長大了，當他們漸漸會自行看書、寫功課或是安排自己的休閒娛樂之後，我在家裡遂有了一些屬於自我的時間。於是，在學校沒做完的工作，我就會想帶回家繼續完成。不料，某個假日的早上，當我在房間裡改著學生的作業時，兒子看見了，竟跟我說：「媽媽，妳知道在家裡不能改作業的嗎？」聽他這麼說，我疑惑的問：「爲什麼不能呢？」兒子告訴我：「因爲妳在放假的時候改作業，表示妳比較在乎妳的學生，不在乎我們。」

我趕緊澄清：「啊啊啊，寃枉呀，媽媽只是花少少的時間處理一下學生的作業，並不表示不愛你們、不重視你們啊。」不過還是很感謝兒子說出他的心聲，讓我知道他的感受。兒子這麼一抱怨，爲了讓兒子的心情可以平衡一下，我趕緊放下手邊尚未批改完的作業，立刻繼續朗讀我們親子那一陣子很著迷的少年小說《森林送信人》給孩子們聽。

兒子這次的反應，讓我察覺，兩個小學高年級的孩子雖已脫離需要母親時時看顧的階段，他們逐漸有了安排自己生活作息的能力，即便媽媽不在身邊，他們也會知道什麼時候該做什麼事情。姊弟倆也各自有喜歡的事情在進行著，甚至開始會有不願開口和媽媽分享的小祕密，女兒還會排斥和我擁抱呢！說那是小寶寶才會做的事，以此宣告她正邁向獨立之路。然而，即便如此，孩子們還是喜歡有媽媽在的時光，也在乎他們在媽媽心中占有多少分量。而我一天中最感幸福、放鬆的時刻，也是下班後和孩子共處的那段時間啊！孩子寫功課，我在一旁收拾雜物或進行閱讀，偶爾彼此交談幾句，偶而孩子作業遇上困難，會向我求救。而睡前，我們親子三人會坐躺在一張大床上，各捧一書閱讀，彼此安靜的陪伴。我想，孩子就是在「有媽媽在」這樣穩定、安心的日常節奏中，得到了溫暖的精神支持和強大的心靈能量。

而我呢？看似是我在陪伴孩子，其實孩子也同時在陪伴我啊！我喜歡聽孩子絮絮叨叨和我說著學校的事，也喜歡孩子有事沒事便喚我一聲「媽媽」。在這親子相互陪伴的過程中，孩子給我的，可能比我給他們的多太多。若我是孩子心靈能量的補給站，孩子更是我每日喜悅的來源啊！

繪本眞的不僅是幼童的啓蒙讀物，父母在陪孩子共讀像這樣描述親子互動的繪本中，也得到了自我檢視的機會。讓我們彼此提醒，再忙，也要固定撥時間給孩子，孩子回報給我們的，絕對無比珍貴，不是金錢買得到的。

《媽咪瘋狂的一天》
作者：艾莉絲・蘿西（Elise Raucy）
譯者：吳愉萱
繪者：艾斯黛兒・梅恩（Estelle Meens）
維京國際提供

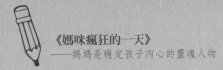

4《爸爸有一千隻手》
——面對孩子，父母自身的情緒控管很重要

【故事介紹】

小男孩覺得爸爸像是一份禮物，因爲從他出生開始，爸爸都扮演著陪伴他的角色。在他的眼中，爸爸有好多優點，例如爸爸的臉像鴨羽毛般光滑；腳受傷時，爸爸會微笑的安慰他；還能像捕夢網一樣爲男孩趕走噩夢，另外，男孩形容爸爸的手像蘋果醬，男孩也很珍惜父親的陪伴，這本該是很窩心的事。

然而，男孩發現，爸爸並非永遠都是這般溫和慈祥，有時候，他發覺爸爸的臉沒刮鬍子，像仙人掌一般刺刺的；有時候，爸爸累得不願聆聽男孩說話，更恐怖的是，男孩發現爸爸的快樂歌聲，有時會頓時轉化爲暴風雨；而有蘋果醬味道的手，有時卻變得像閃電。

男孩討厭這樣的爸爸，跑到森林裡想要尋找有溫暖雙手的新爸爸。遺憾的是，他並沒有找到，這時，男孩看到閃著柔和燈光的家在召喚他。爲他開門的是臉變光滑的爸爸；是手有蘋果醬味道的爸爸，是男孩最喜歡的溫暖爸爸。當爸爸和藹地撫摸男孩的頭髮時，男孩享受

著被愛的幸福滋味，他好希望此刻的爸爸能擁有一千隻手，帶給他無盡的親密、溫柔、安心與關愛。

【貞慧的媽媽心、媽媽經】

看完這個故事，讓我不禁沉入過往的童年回憶之中。在臺灣，過去傳統家庭，父母的角色分工幾乎都是「嚴父慈母」，父親被塑造成嚴肅、嚴格的形象。這樣的刻板形象也局限了父親與子女的互動方式，孩子通常覺得父親很兇，害怕與父親接近，反而比較願意依偎著母親。例如我的成長經驗中，與父親的關係是比較疏遠的，直到現在自己當了母親，才開始嘗試與父親修補疏離已久的親子關係，我相信許多與我同一個年代的人，應該都有著類似的經驗。如果有可以無所顧忌表露真心話的場合，我想應該會有許多傳統的父親們站出來吐露心聲：「這是整個社會文化要求我扮演這樣的角色，我何嘗願意？」父親對家庭的貢獻功不可沒，只是整個社會糾結著父親應持有堅強的形象，相對的比較少針對父親柔情的一面多做著墨。

如今，社會型態多元化，大家越來越能接受父親的形象也可以是柔軟、幽默、溫和與慈祥的，甚至父親可以成爲主內持家的角色，孩子與父親的互動機會越來越頻繁，這是可喜的現象。通常父親與廚房比較少有連結，看到繪本裡，男孩對父親的印象，是有著蘋果醬味道的雙手，這對孩子未來的回憶，增添難能可貴的一頁。

而「情緒管理」大概是近一、二十年才由西方引進臺灣的新觀念，無論職場、校園、兩性和家庭親子關係，情緒管理都是極爲重要的一環。尤其是親子間的互動相處，父母的情緒反應，對孩子心理層面影響甚鉅，因爲孩子尚處於成長階段，無法眞正理解大人情緒的複雜變化，心理狀態仍然相當脆弱。這個階段的孩子，若經常承受來自父母的情緒暴力，會在孩子心中留下陰影，除了會破壞親子關係之外，甚至會影響孩子未來的思想、行爲與人際關係。例如繪本中所描述，男孩不明白，爲何父親快樂唱歌的聲音，會變得猶如暴風雨？當時這位父親正處於負面情緒，孩子卻無辜的成爲他發洩情緒的對象。這令我想起近來常見的家庭暴力下受虐孩童的悲劇新聞，每每讓我難過、心痛不已。父母與孩子在先天體力上已經是不對等狀態，父母在與孩子相處時，應該顧慮到這點，否則對孩子不當的抒發負面情緒，經常就會發生遺憾的結局。父母希望培養孩子有良好的情緒管理能力，其實父母要做的是反求諸己，訓練自己的情緒控管力，親身爲孩子做良好的示範。

我們可以如何做好自己的情緒控管呢？近年來有不少情緒主題書籍可供參考，而我自己在面對情緒有所波動時，經常使用的方法是，先暫時從孩子身邊離開，給自己一小段獨處時光，透過一次又一次的深呼吸，讓心情逐漸平和下來後，再重新面對孩子、與孩子展開連結，這樣即便心裡還有負面情緒殘留，至少那殺傷力已趨緩，不致對孩子口爆惡言，或一時失控對孩子施予肢體暴力。

這個故事讓我們瞭解，家庭會傷人，但是家庭也是療癒每個人的地方。男孩跑到森林尋找新爸爸，透露出孩子對父母變化莫測的情緒感到恐懼與失望；但是當他們看到閃爍著溫暖燈光的房子時，卻依舊對家庭和父母的愛有所渴望。我覺得，營造一個快樂的家庭不見得需要以物質來堆疊，是要讓孩子在穩定平和的親子互動之中安心長大，而不是時刻擔憂父母什麼時候又會火山爆發？

有裂痕的愛，是需要花費很多的時間與心力去彌補的。願你我互勉，朝穩定情緒、修養心性的方向努力。莫讓我們變化莫測的情緒成爲孩子長久揮之不去的陰影，也成爲破壞親子互信關係的殺手啊！

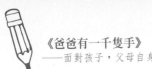

5 《朱家故事》

——家事，是家裡所有成員的事，不是媽媽一個人的事

【故事介紹】

這是一家四口的故事，家庭成員有朱先生、朱太太和他們的兩個兒子。朱太太從早忙到晚，不僅要外出上班，還必須包辦所有的家事，而她的先生和小孩在家裡什麼事都不做，只會使喚朱太太：「太太！快點！拿我的早飯來。」、「媽，快點！晚飯好了沒有？」，朱太太默默的爲家庭付出辛勞，卻得不到半句感謝，朱太太累了，決定罷工、離家出走。

她離家出走時，留了一張字條給她的先生和小孩，字條上只寫著四個字：「你們是豬！」我們發現這時候圖畫裡的朱先生和兩個小孩頸部以上都變成豬頭，而他們家中也處處可見「豬」造型的事物。

媽媽不在家的日子，眞是難過啊！他們自己煮飯，每次煮飯都要耗費好幾個小時，而且做得又難吃。而碗盤、衣服又放著不洗，很快的，家裡便亂得像豬窩一樣。

有一天晚上，朱太太回來了，朱先生和兩個孩子跪下來哀求：「求求妳留下來吧！」朱太太於是留了下來。你猜，之後他們家事會如何分工？朱先生和兩個孩子還會像往常一樣什麼事都不做，只會使喚朱太太嗎？當然不，他們都從這次的經驗中得到教訓了，也體會到媽媽的辛勞。現在朱先生會洗碗、燙衣服，兩個小孩會鋪床，全家也會一起下廚、做菜。另外，有件事讓朱太太很快樂，因爲她幫忙修好了家裡的車子。

【貞慧的媽媽心、媽媽經】

從這個故事的前半，我們看到一位女性辛勤持家的模樣，不僅白天要上班，下班後還有做不完的家事等著她。先生和兩個兒子太習慣她對他們的付出與照顧，從來沒有想過他們可以做些什麼來減輕她的負擔，甚至覺得他們能夠享受這樣的「服侍」乃理所當然，眞的是非常典型的大男人主義思想啊！如果不是媽媽後來離家出走，他們嘗到生活諸多的不便與不適，恐怕不會知道媽媽平日到底默默的爲他們花了多少心力、做了多少的事吧！

你們家在家事上如何分工呢？是媽媽包辦所有大大小小的家務事，還是爸爸和小孩也各自有該承擔的家事？

我呀，不是任勞任怨型的婦女，要我把所有家務全攬在身上，我不僅力有未逮，恐怕也會多所怨言：「夫妻倆都有在上班，爲什麼家事全落在我頭上，老公回家就可以盡是休息、放空，什麼都不做？」

因爲不想當個一邊把家事全往身上攬、一邊又在心裡不停抱怨自己勞碌命的太太，我們夫妻倆在家事上做了簡單的分工，平日我負責打理餐點，老公負責清洗衣物，打掃工作則全家一起來，讓小孩知道只要是家裡的一份子，就要一起參與家事，貢獻己力，不能置身事外。此外，讓小孩學習做家事，也是培養他們獨立、生活自理的能力，他們能從做家事中鍛鍊自己做事的方法與效能，這些生活力的培養不會比讀書、求知識來得不重要。

每個家庭可以有不同的分工型態，現在也有一些家庭是屬於男主內，女主外的型態，這又何嘗不可呢？只要夫妻間做好充分討論、協調與溝通，彼此心裡舒坦、無怨、甘之如飴，就是最適切的分工方式。

「大男人主義」或是「女權至上」都不是良好的兩性相處模式。夫妻之間點點滴滴的日常互動，孩子都看在眼裡，他們會學習、模仿，進而成爲他們與異性交流的效法樣板，父母親可別輕忽了自己對孩子可能產生的影響力啊。

6《肚子餓的小青蛙》
——別讓孩子成為父母吵架的受害者

【故事介紹】

唉呀，不妙啦！小青蛙咕米的爸爸和媽媽吵架了！他們從早上就開始冷戰，後來越吵越兇，竟把小青蛙咕米的早、午、晚餐都給忘記了。結果小青蛙咕米在無飯可吃的情況下，只好餓著肚子上床去睡覺。

可是，咕米的肚子一直咕嚕咕嚕叫，他實在好餓啊！隔天睡醒後，他因為餓得受不了，開始發脾氣，把眼裡看到的所有大吵大鬧的人事物全數吞下肚，包括吵得很兇的爸爸媽媽、汪汪叫的小狗與喵喵叫的小貓、大聲爭執的鄰居、拿槍砲打仗發出「砰！砰！」響的軍人，還有馬路上不停鳴放喇叭的巴士與卡車群……。所有人、物，包含房子，被小青蛙咕米吞下肚後，整個世界突然變得好安靜好安靜。

雖然世界變安靜了，小青蛙咕米的肚子卻是吵鬧不止，大家對於小青蛙把他們吞下肚都感到十分生氣，認為這都是小青蛙的錯，但是小青蛙咕米卻不這麼想，他覺得這世界都在吵吵鬧鬧，明明是吵架、打架者惹出來的問題。

話雖如此，裝滿整個世界的小青蛙，肚子痛得受不了，最後他奮力一「噗！」，藉由一個巨大無比的屁，把肚子裡所有的人事物都還給了這個世界。

早晨醒來，小青蛙咕米聞到一陣飯香。原來，一切只是他的夢境。從此他再也不敢亂吞東西了。

【貞慧的媽媽心、媽媽經】

故事裡的小青蛙一路吞下吵鬧的人們、房屋和車子，我好擔心小青蛙會消化不良，還好小青蛙只是做了一場噩夢而已！

看完這則故事，多數讀者應該都會有似曾相識的感受吧！人是有情緒的，人與人相處免不了會發生意見相左，甚至摩擦、爭吵，尤其親密如情侶、夫妻，更容易因長期近距離相處，而發生一些不愉快，甚至演變爲激烈的言語或肢體衝突。如果一個家庭的組成，除了夫妻之外，還包括了孩子，那麼這個家庭所發生的大小事，都會直接影響到孩子的心情與心理發展。

經常父母吵架是在發洩情緒，卻忘記了都是孩子在承受負面的結果。因此，包括我在內，所有父母都應該學習加強自己的情緒管理能力。父母親在孩子面前吵架，會影響孩子情緒的穩定，孩子會擔憂、焦慮不安，甚至懷疑父母吵架是自己所造成。我會建議，當父母發覺，兩人的對話開始出現情緒字眼時，應該立刻迴避孩子在現場的情況，例如父母可以進到房間內協調，取得彼此同意，等孩子入睡後再溝通、討論雙方想法歧異之處。

有些爸爸媽媽會將孩子拉進父母的爭執之中，甚至要孩子來判斷誰對誰錯。雖然孩子是家庭的一份子，但是將孩子牽扯進夫妻的吵架裡，甚至要孩子當裁判，其實是非常不妥的做法。要孩子當場說出是爸爸對還是媽媽對，這就好比要孩子選擇他到底比較愛爸爸還是媽媽。若孩子說媽媽對，他會擔心爸爸是不是會更加生氣失控；若他說爸爸對，又害怕媽媽會以爲他不愛媽媽，這對孩子來說，承受的壓力太大了。父母吵架，兩人關起門來自己解決就好，別把無辜的孩子也強拉進這場混戰中，讓孩子受苦了。

看到小青蛙咕米因爲父母吵架而沒有吃三餐，餓著肚子上床睡覺，實在感到萬分不捨。父母平時爲了孩子的溫飽與遮風避雨處而努力工作著，怎麼會因爲爭執，而把孩子攝取營養來源的三餐給徹底忘記了呢？夫妻間無論出現再怎麼巨大嚴重的爭執，絕對不能因此忽略了孩子的健康與飲食照護啊。

另外，如果父母真的情緒失控，在孩子面前發生爭吵，爸媽一定要在事後盡快照顧好孩子的情緒，揮除其心中陰影。父母可別低估了夫妻吵架對孩子可能產生的負面影響，尤其要小心不要讓吵架越演越烈，一發不可收拾，進而出現言語和肢體暴力。一旦任何形式的暴力出現，即便事後安撫孩子，那暴力畫面對孩子的衝擊，已在孩子心中產生難以抹滅的傷痕，不是爸媽說幾句撫慰的話就能夠消除的。在這本繪本裡，小青蛙咕米是以吞下整個世界來抗議父母吵架忽略他，在眞實世界裡，我們都不希望孩子因爲企圖抗議家人的爭吵，而做出讓人遺憾的舉動。我建議，父母在自己的情緒穩定下來之後，要眞誠的向孩子表達歉意，對孩子說：「對不起，因爲爸媽吵架，讓你擔心受怕了。」傳統父母會自以爲位階高於孩子，對他們來說，要拉下臉向孩子道歉是非常困難的。但，若父母願意嘗試鼓起勇氣、放下身段，向孩子展現誠懇的歉意，孩子將感受到父母對他的愛並未因爭吵事件而有所動搖或改變，這會讓孩子無比心安。此外，父母應該讓孩子明白，爸媽吵架，並不是因爲孩子表現不好，也不是孩子的錯。父母要向孩子解釋，人與人之間在朝夕相處之下，難免會有意見不一致，而發生爭執的情況。有的時候爸媽是透過爭執來學習溝通，發生爭執不見得是因爲愛消失了，而是爲了讓家庭關係朝向更良性的發展，請小孩不必擔心。就算爸媽彼此因生活習性或想法過於歧異，無法繼續相愛，決定分開，也要在孩子面前好聚好散，離婚後也要繼續合作，做好孩子的父母親，這才是對孩子負責任的展現。

《肚子餓的小青蛙》
作者：金三玄
譯者：蘇懿楨
繪者：金三玄
好大一間出版社提供

7《媽媽，妳怎麼了?》

——在努力扮演稱職父母的同時，也別忘了做自己

【故事介紹】

這是平常的一天。媽媽準時早起，下廚做完早餐後，喚醒丈夫和孩子起床吃早餐，準備上班上學。送小孩上校車後，媽媽開始整理家務，包括打掃屋子、收納孩子丟滿地的玩具、洗衣服等。

整個早上辛勤的做完家務，媽媽依舊沒得休息。下午外出到超市採買晚餐，在小孩放學回家前趕回家迎接孩子。而孩子寫作業時，媽媽也陪伴在旁指導功課，然後送孩子去上才藝課，再匆匆回到家收晒乾的衣服，趁爸爸與孩子回家吃晚飯前，摺好衣物。

突然間，媽媽摺衣服的手停下來望向窗外，整個人一動也不動。然後媽媽變成了一隻大熊。爸爸和孩子們回到家，看到變成大熊的媽媽，大家都慌了，立刻打電話給外婆。外婆帶著心情聽診器趕來，聽著大熊的心情。她告訴爸爸和小孩，媽媽想彈鋼琴。外婆說起往事，媽媽小時候，也曾因外婆太忙，忽略了媽媽的心情，而變成一隻小白兔。

這天開始，全家人以心情聽診器來觀察媽媽的心情。媽媽大熊不停的彈著從外婆家搬來的鋼琴，爸爸和孩子們的生活也發生了改變，爸爸負擔起孩子的上下學接送，孩子也會把玩具收拾好，放回原處。哥哥也幫忙照顧弟弟，他們隨時留意大熊的心情變化，希望大熊能夠變回以前那個溫暖的媽媽。

媽媽大熊的鋼琴彈得一天比一天好，最後還開了音樂會，獲得滿堂喝采。神奇的事情在舞臺上發生了，是什麼事讓孩子欣喜雀躍呢？

【貞慧的媽媽心、媽媽經】

這是一本相當發人省思的繪本，雖然故事是關於媽媽，但也適用於爸爸，還有孩子們。家庭的組成，每個成員都有社會期待他們該扮演的角色，例如，傳統社會期待爸爸是家庭的經濟支柱，媽媽是打理家務的家庭主婦，孩子要孝順父母並努力讀書。隨著社會的快速發展，如今家庭成員的角色也發生重大轉變，如雙薪家庭，父母同為家庭的經濟支柱；另外，也有母親肩負家庭的經濟來源，而爸爸擔任育兒與打理家務的角色等不同的家庭分工方式。

然而無論家庭如何分工，有個大家都忽略的議題是，在進入家庭之前，我們其實都在扮演自己，而曾幾何時，在步入家庭之後，這個「自己」卻逐漸消失了，這個情形發生在做爲太太與母親的家庭主婦身上最爲明顯。

在故事中，媽媽曾經變成小白兔，曾經變成大熊，大家是否看出媽媽轉變的時機？藉由外婆的陳述，媽媽小時候就很有興趣彈鋼琴，但這樣的心願被忙碌的外婆給忽略了，媽媽的心情很失落，因而變成了小白兔。作者藉由童話的手法，來呈現媽媽的願望無法實現的結果。這是一個很巧妙的情節安排，不須透過悲情來呈現這個議題。

媽媽也有想完成的夢想，道出「媽媽」和「自我」兩個角色的平衡與取捨之艱難。許多女性面臨家庭與自我實現的抉擇，最後都會壓抑自我實現，爲家庭奉獻。家人是否看到了媽媽對家庭付出的心血與辛勞？家人千萬不要將媽媽對家庭的付出，視爲理所當然，要多體恤媽媽的辛苦，家務應該適切的分工。

任何一位家庭成員都不應該爲了扮演好在家庭中的角色，而過度委屈求全、失去自我，因爲這樣做反而無益於家庭的幸福和樂。故事中，媽媽的鋼琴家夢想沒有實現，結果變成大熊，全家都陷入慌亂的局面；後來全家人齊力分擔家務，並照顧媽媽的心情，讓媽媽盡情的追求彈琴的快樂，當媽媽成功舉行了鋼琴發表會，夢想被滿足時，媽媽又從大熊變回原來的

《媽媽，妳怎麼了？》
——在努力扮演稱職父母的同時，也別忘了做自己

《媽媽，妳怎麼了？》
作者：金永鎮
譯者：魏嘉儀
大穎文化提供

模樣。

我相信現代家庭對於母親在家庭之外追求夢想與自我的實現，接受度是很高的，家人也衷心希望媽媽能夠得到快樂。而媽媽也需要勇敢的再踏進社會，當你脫離社會越久，與社會脫節會更加嚴重。我記得自己當初向學校請了幾年的育嬰假，結束後再回到學校教書，一開始我也不太適應，變得很容易緊張、壓力很大，甚至被醫生診判罹患憂鬱症。不過經過一段時日的調適後，慢慢能跟上學校的步調，並得以逐步形塑、揮灑自我教學特色和風格。這段歷程的種種經驗與體會，現在想來很是感恩啊。

當妳努力扮演好妻子與母親角色的同時，也別忘了那個曾經快樂積極追夢的自己喔！願妳我都可以在家庭與自我之間保持良好的平衡，活出美麗如花的生命。

8《艾瑪畫畫》
——身為父母也要勇於實現自己的人生

【故事介紹】

艾瑪是個七十二歲的老婦人，她自己一個人住，雖然兒孫會回來探望她，但他們總是不會停留太久，這讓艾瑪有時候覺得很寂寞。

艾瑪的孩子們送艾瑪一幅畫，這幅畫描繪的是山的另一邊的小村莊，艾瑪的童年就是在那個小村莊度過的。可是這幅畫雖然美麗，畫裡的小村莊卻不是艾瑪記憶中的模樣。艾瑪看這幅畫越看越不滿意，最後她決定自己畫，畫出她記得的小村莊。

有一天，兒孫回來探訪她，看見牆上的畫不是他們送給艾瑪的那一幅，他們納悶的問：「怎麼會有這幅畫？」艾瑪遲疑了好一會兒才開口說：「是我畫的。」

孩子們對艾瑪的畫驚豔不已，直誇艾瑪畫得好。得到肯定的艾瑪有了信心，從此畫個不停，她畫她的生活日常，也畫她心頭念念不忘的小村莊。

很快的，艾瑪漸漸有了名氣，有不少人慕名前來欣賞艾瑪的畫。雖然這些人來了又走，最後還是獨留艾瑪一人，但艾瑪再也不寂寞了，因爲她在做畫的過程中找到了生命的熱情與寄託。

【貞慧的媽媽心、媽媽經】

這本繪本給我很大的感動，艾瑪奶奶提供了非常正面的老年形象，讓我們看到人老了，雖然身體機能必然下降，但心靈生活一樣可以過得熱情有勁、精彩萬分，我憧憬這般的老年生活啊！

然，憧憬不如起而行，誰說心裡的夢要等到退休後才能實踐？誰說非得要等到孩子長大、能夠獨立生活了，父母才有做自己的機會？世事無常，我們無法料想未來會不會照著我們憧憬的模樣來到我們面前，如果想做的事、想完成的心願，都擱置在心上，想著退休後再來一一實現，可是倘若退休後身體已無法撐起實現自我的心願，那可怎麼辦好？不是徒留很多很多的失落與遺憾嗎？

沒錯，孩子生下來就是要好好愛、好好陪伴，但陪伴孩子成長與自我實現這兩件事是可

《艾瑪畫畫》
作者：溫蒂 · 凱瑟曼
譯者：柯倩華
繪者：芭芭拉 · 庫尼
三之三文化提供

以並行不悖的，重點是我們怎麼調配時間，在這兩者之間取得平衡點。老實說，在我把所有時間都給孩子的那三年半育嬰假裡，雖然全天候的陪伴與照顧，讓我與兩個孩子建立非常緊密的親子關係，但「除了孩子，別無其他」的生活型態，讓我內心產生極大的空缺，那個空缺不會因爲身邊有可愛小孩圍繞便消失不見。我慢慢了然，孩子是我生命裡很重要很重要的存在，可我的人生不能只有小孩，我需要將熱情投注在我生命的熱愛，做一件自己歡喜又能夠讓世界變美麗的事情。於是，我在育兒的同時，一邊發展自己的興趣與志業，因著對繪本的深愛，我現在正走在繪本教學和繪本閱讀推廣的路上，玩得既起勁又開心哩！而當我應邀到各地分享繪本時，我也常常帶著我的孩子一道前往，我希望讓孩子看到媽媽工作的一面、熱情分享的一面、發光發熱的一面，我盼望我努力實現自己人生的身影，會深深烙印在他們的心裡，對他們往後人生追尋產生勉勵的作用。

既是作家也同時身爲國際NGO工作者的褚士瑩先生曾在書上寫道：「家長們，既然有這麼多夢想，那就趕快去報名學跳芭蕾吧！去上作文班吧！去拉小提琴吧！去認眞念書吧！去上才藝班，好好學速讀、珠算、心算、英文吧！千萬不要再蹉跎等待了，孩子正睜著雪亮的眼睛在等著父母去追求夢想，實現人生呢！世界上沒有什麼比沒有行動、沒有夢想，整天一面看電視，一面催孩子念書更讓人看了就厭煩的父母了啊！」

褚士瑩先生的這段話真是給家長非常好的提醒與激勵。爸爸媽媽們，你心中有夢嗎？你有一直想做卻遲遲未付諸實踐的事情嗎？讓我們起而行動，做孩子的榜樣吧！讓孩子有機會看到我們努力精進自己、熱情活出美好人生的姿態，會比花大把大把銀子把孩子送到補習班，或是各種才藝班去「餵養」來得好太多太多啦！孩子的成長路上，需要有可以仿效的對象，而我們自身就可以是孩子最佳的學習典範，只要我們願意勇於實現自己生命的精彩。

《家長補習班》
作者：浜田桂子
譯者：游蕾蕾
繪者：浜田桂子
維京國際提供

9《家長補習班》
——來一趟家長在職訓練

【故事介紹】

故事一開始，孩子們對父母又推又拉的走進補習班，這是不是讓家長也聯想到自己逼著孩子去安親班或才藝班的情景呢？

家長補習班的目的是要家長學習如何和孩子愉快相處。補習班裡的師資並非我們平時所迷信的名師或親子專家，而是一群小孩子。家長希望知道孩子們在想什麼，小孩的一舉一動有什麼意義？那麼孩子不正是最佳師資嗎？

家長補習班也有課程表，仿造大人幫小孩子設計的課程。第一課就是認識小孩，小孩爲了長大，要做的事情很多，包括摸、舔、打……等等。另外，哭也是小孩的工作，而家長的工作是找出小孩哭的原因。

課程還包含家長必須認識自己的工作項目有：抱小孩、傾聽小孩說話並說故事給小孩聽。小孩老師也提醒家長學生回想自己成長時的挫敗經驗，來體會小孩經歷挫折的心情。

此外，家長還要上體育課，包括練習笑、練習做飯、練習體能等。最後，當然要進行考試，請家長們回答幾個問題，像是：「小孩尿褲子時，家長該怎麼做？」、「女孩想扮男生，或是男孩想扮女生時，家長的何種反應為佳？」

身為家長的你，若是來到這所補習班，是否能夠成績優異的結業呢？

【貞慧的媽媽心、媽媽經】

這是一本出自日本創作者的繪本，日本和臺灣同樣是個補習文化興盛的國家，因此也會出現這種對於補習文化反思的出版品。有別於一般的親子教養書，繪本有一種迷人的魅力，就是內容容易親近，甚至更能打動讀者。繪本不會用說教的方式，儼然像親子關係教戰手冊般去告訴讀者如何教導小孩、如何與孩子相處；相反的，繪本是藉由故事情節，讓家長去感受，產生共鳴後會心一笑，進而有所反省。

在家長補習班裡，由小孩老師來告訴父母，小孩在哪個成長階段會有什麼行為，而這些行爲代表什麼意義。由小孩老師來親自告訴家長這些事，是再適合不過了。家長藉由傾聽小孩老師的提醒，更容易了解、接納孩子的身心發展，讓家長不再對孩子的行爲不知所措。

回想我生下第一個孩子，就跟其他父母一樣，第一胎照書養，儘管已經做了準備功課，但每個小孩都不一樣，臨床突發狀況也各有不同。教養書上所說的也不見得完全用得上。我記得女兒剛出生，我在娘家坐月子。女兒時常在半夜哭吵，我們夫妻兩人照書上所描述的各種小孩會哭的原因，一一幫女兒排除，例如：換尿布、餵乳、抱著她輕輕搖晃以助其入睡等，然我的女兒依舊哭鬧不止。後來無計可施，只好請母親協助我安撫女兒。有人說，懷抱嬰兒時，手的姿勢也有訣竅。或許我當時是新手媽媽，懷抱女兒的手勢沒有抓到要領，怎麼抱她都不喜歡，就是哭個不停。等我母親接手之後，她抱著我女兒，輕拍她的屁股，十分熟稔的以緩慢而穩定的節奏輕搖孩子的身體，很快的我女兒便睡著了。這個例子就是新手父母面對新生嬰兒，抓不到手臂懷抱的要領，而嬰兒也無法說話，當感受到不舒服的懷抱方式，只能以哭泣來傳達他的心情。

從嬰兒到牙牙學語的幼兒，他們不見得清楚自己的欲求，只能以簡單的哭笑來反映自己對外界的直接感受。沒有人生來就懂得如何當爸爸媽媽，因此父母當然要上課，接受「職前教育」，在當父母的這條路上，一邊學習、一邊調整。這本繪本裡的家長補習班還有一部分的課程，是教導父母如何幫助小孩面對挫折或失敗，我覺得這眞是給父母一個很重要的提醒。很多父母都著眼於小孩學會了什麼動作或技巧，忽略了小孩做錯某些動作，或做不會某些動作時所產生的挫折感，甚至父母面對這些行爲，還會產生不耐煩，例如小孩打破杯子，或者又尿在褲子裡，如果父母正處於繁忙之際，看到這些情境，恐怕出言責難多過於鼓勵安慰。可是孩子處於遊戲的興頭上，經常不會察覺到自己的尿意，導致尿在褲子裡。大人若在這時候責難孩子，可能造成小孩對自己的這個生理狀況感到羞恥。我們做父母的應該經常反省，自己是否常不經意傳達錯誤的觀念給成長中的孩子？

如果我成立家長補習班，我一定會將小孩經歷挫敗這個主題，放到學習課程當中。父母也是由嬰兒慢慢茁壯成爲大人，過程中我們一定也經歷許多嘗試與挫敗，但是我們時常忘記這些挫敗經驗，然後復刻這些經驗在孩子身上。我記得有一次我的兒子寫數學作業遇到困難，那時我剛下班回到家，既疲累又要忙於家務，爲兒子多次解說題目與做法，他就是無法理解，我因此對兒子大發脾氣。事後我反省，我壓根兒忘記自己小時候學數學時，也遇過同樣的困境，我應該更能體會兒子挫敗的心情才是，可是我卻在那當下失去耐性而動怒了。親子之間發生情緒衝突難免，這時應當給雙方一點時間與空間，讓彼此深呼吸，心情沉澱後再來面對問題。在發怒後，我察覺到自己思緒的紛亂，決定先讓自己靜一靜，等我心平靜下來，再以安定的心情、溫和的語氣，重新解釋數學習題給兒子聽時，他原本氣沖沖、強硬的態度也軟化下來了。這次的經驗對我和我兒子來說，都是一次的成長，我們親子就在這樣不斷的互動中學習如何善待自己與善待對方。

繪本裡提到大人體型這麼大，是要做什麼用呢？是爲了要給小孩擁抱、給孩子鼓勵安慰，這是孩子們安全感的最大來源之一。有許多動作大人做起來輕而易舉，那是因爲體型的差異，所以父母不要以理所當然的心態，看待小孩子做不到的事情，很多時候大人要把自己放在小孩的高度去看，就能明白小孩的難處。

另外，這本繪本提到很重要的一件事，就是大人吵架，小孩會很傷腦筋，因爲大人的情緒複雜，吵架後需要花更長的時間來修補，不像孩子們在吵吵鬧鬧後，一下子又玩在一起。大人間的冷戰有時長達數月，這會讓孩子懷疑是否自己做錯什麼事。我們大人應時時警覺，避免將這種負面情緒帶給孩子壓力。其實孩子對於父母的一舉一動很敏感，例如父母忙於工作，應付生活問題，因而忘記微笑。對孩子而言，沒有歡笑和幽默做爲潤滑劑的家庭生活，也是造成身心毒性壓力的來源。

此外，人言「有樣學樣」，小孩聽久了父母的藉口，也會模仿、複製這個行爲。例如，我曾經因爲腰痛，有段時間無法應付當時三歲女兒的一些請求。在我身體不適、躺在床上舒緩腰痛，而她又央求我陪她玩耍時，我對她說：「媽媽腰痛痛，想休息一下，對不起喔，不能陪妳玩，妳先自己玩，好不好？」後來我發現，有時我要求女兒做事情，她竟也會學我說：「腰痛痛！」這讓我意識到爲人父母眞的要好好鍛鍊身體、保持健康，不要老是以「累」或「身體不舒服」當藉口，逃避與小孩互動。

這本繪本也提到傾聽的重要，其採取反轉的手法，讓家長反過來專心聆聽孩子的需求，而不是看似有聽卻沒有眞的聽進去。另外，大人最喜歡以考試來驗收小孩的學習成果，這本繪本裡的家長補習班當然也以其人之道，還治其人之身，在課程的最後也來個測驗，驗收一下家長的學習成效，這眞是令人深省的情節設計啊！讓身爲父母的我們，有機會檢視在某些情境下，自己是如何對待孩子，包括自己看待孩子的性別取向，是否保有最大的包容。這本繪本以輕鬆趣味的故事引領家長側耳傾聽孩子的心聲，並反思自身在親職上所做的努力是否貼近孩子的需求，看似簡單易讀的繪本，其實蘊藏了不少教養智慧哪。

10《重要的小事》

——父母要用心看待放在孩子心上的細微感受

【故事介紹】

名叫「小事」的小男孩遺失了他的貓。在小男孩的世界裡，這是一件不得了的大事，小男孩因此走遍世界各地，四處尋找那隻走失的貓。

「小事」的足跡踏遍世界各地，包括美洲、歐洲、亞洲，還到了北極圈。他遇見不同的民族、鳥類與動物。一開始，「小事」會向遇見的人或動物分享他失去貓的難過心情，然而他所得到的回饋，讓他越發覺得，自己爲了愛貓走失而傷心，根本是件微不足道的事。例如牛仔告訴「小事」，他遺失了帽子、鑰匙和馬匹，情況比「小事」遺失貓更慘；淪落街頭的難民告訴「小事」，他的國家被鄰國侵占了，境況比「小事」更悲慘；其他還有人告訴他，世界正在發生比「小事」遺失貓更令人哀傷的事，包括剝削、饑荒、戰亂、天災、傳染病、各種汙染等。「小事」覺得他們都說得沒錯，世界上還有更多比他遺失貓更讓人難過的事，讓他越來越不敢分享自己難過的心情，然而，「小事」內心眞的是扎扎實實的感到難過啊！

最後，「小事」來到了因努特人居住的寒冷北極圈，遇見一隻小狗，小狗會以什麼樣的態度來看待「小事」難過的心情呢？

【貞慧的媽媽心、媽媽經】

這繪本的標題取得真好，由於被稱之爲小事，因此被看待成微不足道的事情，小男孩「小事」的心情不是只有小孩子才會經歷，連我們大人也有自己非常在意且看重的事件與心情，卻被他人看成無足輕重的芝麻小事，讓我們感到自己的情緒被忽略，而更加憂鬱悲傷了。

每個人都不該將他人的情緒感受加以量化，而妄加判定這是天塌下來的大事，或者這不是什麼大不了的事。每個人的每個當下感受，都是立即而切身的，都是最眞實且最貼近自身的情緒，不該有大小事之別，對當事人而言，當下的情緒感受就是大事，小孩子的心情自然也不例外。

當然，在繪本裡所提到關於自然災害，還有人爲戰亂，影響到每一個人的生存，想必我們都會同意這些皆爲重大且令人難過的事件。然而，小孩子仍在成長階段，經歷過的生命歷程仍相當侷限，因此，當每天陪伴自己的貓不見了，這對他而言，就是大到足以撼動自己人

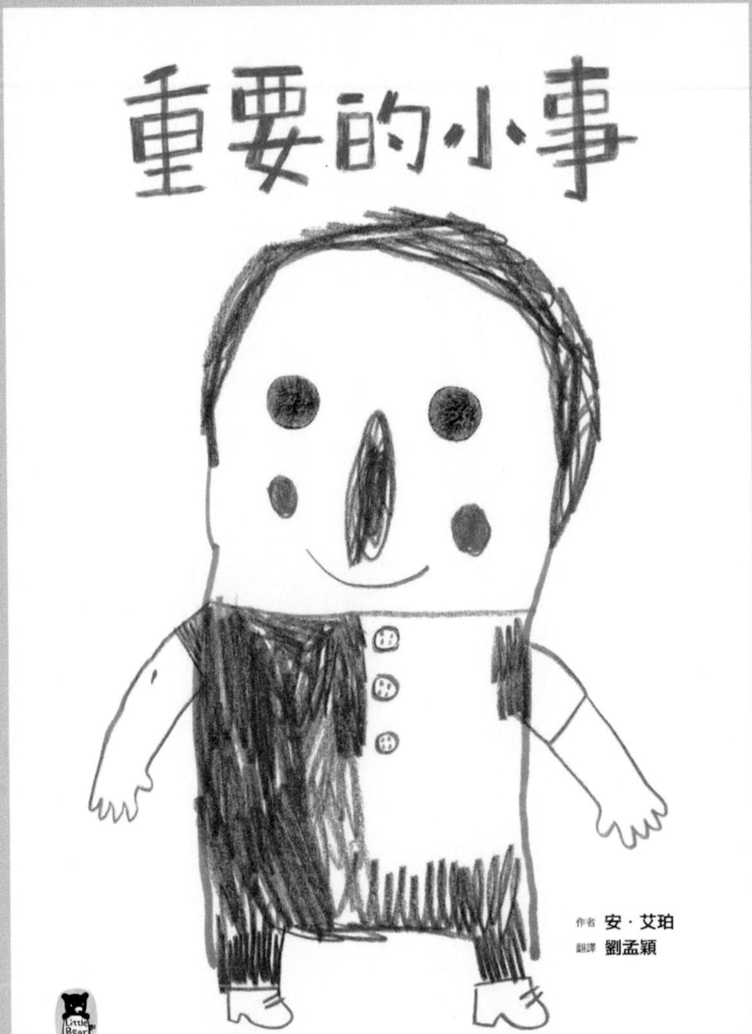

《重要的小事》
作者：安・艾珀（Anne Herbauts）
譯者：劉孟穎
小熊出版提供

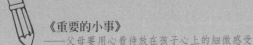

生的事。也有許多大人與毛小孩的情感深厚，當毛小孩有一天從他們的生命中消逝時，那刻畫在心上的痛不是說想抹去就能輕易抹去的。因此，大人對於孩子的悲傷、憂愁或其他不快樂的情緒，都應慎重看待。多花時間陪伴他們，聆聽他們的故事和感受，讓孩子的情緒有機會獲得適當的抒發。大人在傾聽完孩子的心情故事後，請給孩子一個大大的擁抱，或是拍拍他的肩，表達撫慰與支持。即使沒有對他們說出一番大道理，這個擁抱或拍肩的動作便足夠讓他們感受到，自己的情緒受到父母或其他大人的重視，孩子會獲得支撐的力量。在孩子的情緒獲得適度紓解後，大人也可以藉由這個機會，引導孩子處理情緒的方式，這樣孩子才有機會從中學習如何整理、消化自己的情緒，然後順利重新出發。

無論這個世界如何紛擾不安，父母都要用心照護身邊孩子內在的細微感受，給出溫暖的陪伴力量，讓孩子覺得自己是被懂得的，一點都不孤單，然後在一個充滿愛的安心環境下，學習與自己內心不斷上演的各種小劇場安然共處，成為一個有能力處理自我情緒的人。

11《誰是小香？》

——孩子的話語需要父母用心傾聽

【故事介紹】

小女孩隨著父母搬到新家，大門因為父母、外婆與搬家工人需要進進出出而敞開。這時，一隻不知從哪裡冒出來的小象，就這樣趁機溜進小女孩的新家。小女孩發現家裡來了小象這樣的稀客，興奮的跑去告訴媽媽。只是，當時正忙得不可開交的媽媽，並沒有閒暇仔細聽小女孩說話，誤以為小女孩說的「小象」，是小女孩新認識的鄰居「小香」。

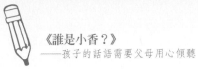

小女孩把小象帶進自己的房間玩耍，玩得不亦樂乎。然後她也告訴爸爸有關小象的事，正為新家忙得焦頭爛額的爸爸，同樣的也把小象聽成小香，就連打掃屋子的外婆也是。全家上下大概只有躺在搖籃裡的小嬰兒弟弟，知道小女孩姐姐的新朋友是隻小象吧！

小女孩從傳單上得知，小象原來走丟了，雖然萬般不捨，但想到象媽媽一定很想念小象，於是她打電話給動物保護單位，讓小象順利回到象媽媽的身邊。忙完一整天，全家人終於在新家安頓了下來，大家坐在客廳休息聊天，終究還是沒有仔細聆聽小女孩口中的小象，並不是鄰居小香。

新家就座落在野生動物園隔壁的小女孩，很快的又遇到新奇的動物，家裡的大人這次能夠聽懂她說的話嗎？

【貞慧的媽媽心、媽媽經】

這眞是一本可愛又俏皮的繪本，作者利用玩文字諧音的手法，構成一個趣味性極高的故事。

這個故事完全呼應了我們常說的「有聽沒有到」，或者是「話只聽一半」。幾乎所有的親子專家和談論親子關係的書籍，都會教導父母要傾聽孩子說話，而現今的家長也都有這樣的觀念。

然而，有聆聽的觀念不等於有聆聽的能力，實際上，眞正能做到傾聽孩子說話的父母，比例上依舊占少數。究其原因，在於我們處於繁忙的生活型態，一切事物都是快速進行，步調顯得太匆促。大人忙於應對日常生活大小事物，變得沒有耐心去聽完小孩子要說的話。例如，很多家長通常都只是聽到孩子說的前兩句，就自以為他們已經了解孩子接下來要說什麼，完全以自己的方式去揣測、理解孩子的話語。這就好像繪本裡所描述的情況，家長把女孩說的小象聽成小香，還自以為聰明的回答風馬牛不相及的話。許多家長存在著一種心態：「孩子是我生的，我怎麼可能不知道他在說什麼、他心裡在想什麼。」我發現，在很多情況之下，孩子因為自己所要表達的內容，不被父母或大人所理解，因而感到不受重視，會逐漸變得不想再與父母說話。孩子心裡會想：「反正我說的你們都不懂！」這樣反而有礙親子關係的良性發展。因此，大人應該隨時對孩子的內心世界保持好奇，專注聆聽小孩想說些什麼，而非自以為了解，而擅自解讀孩子的話語和心中真正的想法。

此外，繪本中描述忙於搬家的父母，無法停下腳步聽女孩說話，才會發生把小象聽成小香的烏龍事件。然而，忙碌過後，女孩的父母依舊沒有仔細傾聽女孩說的話。由此可知，癥結不在忙碌，而是在父母有沒有用心。身為父母的我們，彼此提醒吧！莫再以忙碌為藉口，而不去仔細傾聽孩子都說了些什麼。親子間的感情，就是在這日常的對話交流中，一點一滴建立起來的。今天父母不願用心傾聽孩子，與孩子將會日漸疏遠，孩子將會關上心扉，不再與父母分享真心話，所謂代溝就會因此產生。為人父母者，若無法了解自己的孩子在想什麼，不是一件很心痛的事嗎？

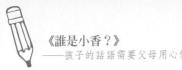

從這個故事中我們也看到，單純的小女孩對大象與狒狒都非常友善，平和愉快的與這些動物玩在一起，這是不是也勾起我們大人自己孩童時期的純眞？只是在社會化的過程，我們被教育了危險意識：野生動物是危險的，要小心保持距離。試想，如果當初小女孩的父母聽懂了小女孩口中說的是眞的象，他們也許會立刻將小女孩拉到自己身邊，並大喊「危險」！教導孩子要有危機意識是正確的，但我認爲，大人有時應該以孩子爲師，學習孩子那種以開闊純眞的心，善待萬物，與世界做朋友的善良。

12《最喜歡媽媽了！》
——傾聽孩子對親子互動的期待

【故事介紹】

每個小孩眼中的媽媽，到底是什麼樣子，或多或少都有不一樣的描述。大家是否聽過孩子如何描述他們眼中的媽媽呢？故事中的小男孩，這樣描述自己的媽媽：他說他最喜歡媽媽了，可是如果媽媽在喚他起床時，能夠擁抱他且語氣溫柔一些，他就更喜歡媽媽了；另外，媽媽會催促他做任何事都要「快一點」，例如快一點刷牙；快點去洗澡；快一點穿衣服；快一點出門上學等等，男孩心裡想，如果媽媽能換個方式和態度與他說話，他會更加喜歡媽媽；此外，如果媽媽在他表現不好的時候，例如在外玩得全身衣服髒兮兮；或是吃飯時食物掉在桌上；或是不小心打破碗盤時，媽媽可以不要老是責備他，這樣他會更加喜歡媽媽喔。而當夜晚就寢時，若媽媽能在睡前陪他聊聊天，男孩也會更喜歡媽媽的。男孩的媽媽是否聽到了孩子的心聲呢？媽媽聽完之後，有沒有因此自我反省呢？

【貞慧的媽媽心、媽媽經】

在閱讀這本繪本時，我不知不覺的一面看，一面檢視自己平時對待孩子的言行，是否有哪一項也和故事裡的描述相仿呢？母親若是小孩的主要照顧者，小孩對母親的依附需求就會特別強烈，孩子會自然的以母親為天，依賴著母親。即便母親對孩子發了脾氣，指責了孩子，孩子的心依舊會向著母親，希望得到母親的疼愛，依偎在母親的懷裡。然而，此繪本讓我們覺醒，孩子永遠愛著母親，並非意味孩子對於母親沒有任何希望改善或改變之處。問題的癥結在於，許多父母權威的態度，讓孩子害怕而不敢勇於說出實話。

不管是父母或是孩子，其實雙方都期待著能夠擁有和諧美好的親子關係。然而，身為父母，每天為日常生活中繁雜的大小事而煩心，經常不知不覺的將心頭的負面情緒轉移給孩子，讓孩子來承受，甚至藉由孩子的行為，找到發脾氣的理由。此外，我們也時常忘記，孩子是要經由不斷的摸索、犯錯而成長的，父母當然需要教育孩子合宜的言行舉止，然而在繪本裡我們看到男孩面對自己的不適當行為，他並不是不想改進，而是希望媽媽對他說話時能夠換個方式和語氣。身為父母，我們如果能改變對孩子說話的方式和態度，孩子或許就比較不會以任性的作為來表示反抗。要改善孩子的不良習慣，以鼓勵代替責難成效會更好。父母也切莫經常對孩子使用威嚇的語言，例如在教養學齡前的小孩，甚至小一小二的孩子時，有

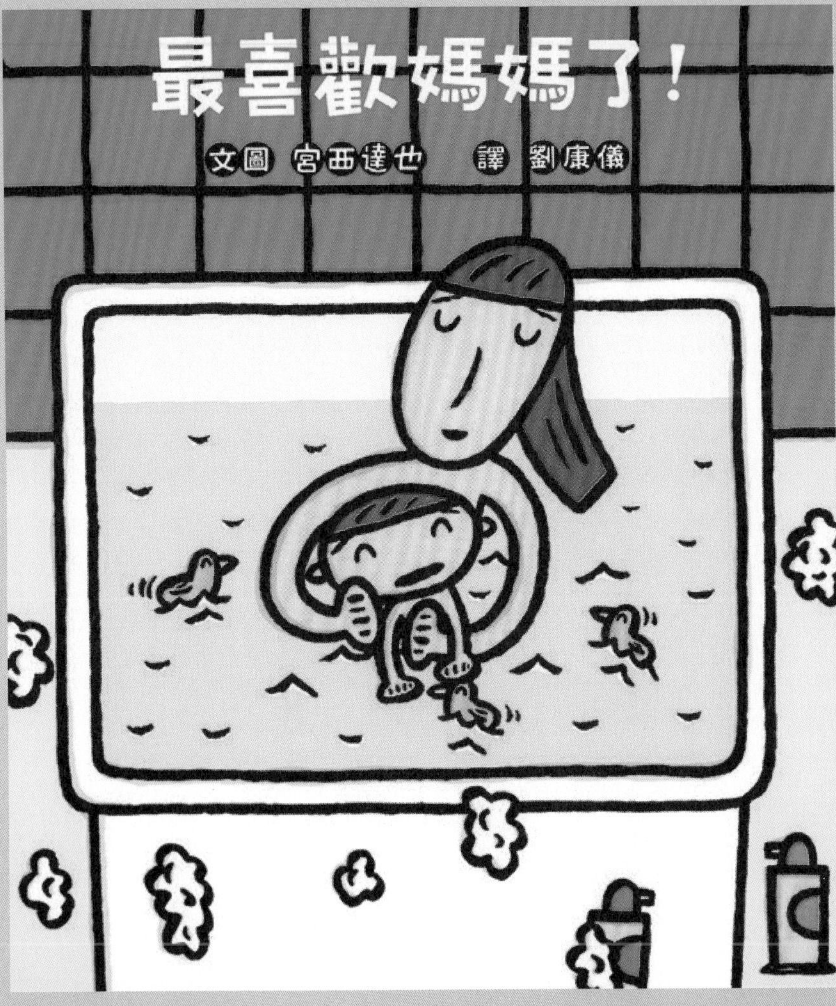

《最喜歡媽媽了！》
作者：宮西達也
譯者：劉康儀
繪者：宮西達也
小魯文化提供

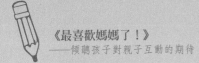

些父母依舊經常使用「不吃飯、不聽話，會被警察杯杯抓走」，或者用「虎姑婆」或「怪獸」等可怕形象來嚇唬孩子，這種帶有濃厚威嚇意味的用字遣詞，有可能適得其反，造成小孩恐懼的心理。而等孩子大一點，較懂事了，就會發現爸媽說的都是假的，是用來嚇唬他的，導致孩子對父母的信賴度大打折扣。

孩子對媽媽的愛就像是給媽媽的暖陽，只要孩子笑了，媽媽的心就跟著亮了！我每天在家務與教學工作中奔波忙碌，身心的疲累是不言而喻的，但每當我聽見孩子在客廳和餐桌旁的歡笑聲；或是於睡前凝視孩子熟睡的臉龐，總能撫慰我的心，疲累感也瞬間消失。此繪本的最後一頁呈現的是，母子倆躺在床上相互依偎的溫馨畫面，也許他們兩人白天處在對立或衝突的情況，或許母親白天又把孩子給罵哭了，但是到了睡前，親子彼此擁抱入眠，孩子嗅聞到媽媽身上熟悉的味道，也感受到媽媽溫暖的體溫和輕柔的說話語氣，這對孩子來說是多麼大的心靈安定力量，讓孩子可以帶著愛與安心進入甜美的夢鄉。而媽媽夜深人靜看著孩子熟睡時可愛無邪的小臉蛋，體會著爲人母的幸福，身心的疲憊得到了暫時的紓解，而對自己白天與孩子的互動有了更清澈的看見與反省，期盼自己也能學習好好回應孩子對媽媽的信賴與愛，在教養的路上修練情緒，別動不動便叨念孩子，或老不假思索的脫口說出責備的話。

這繪本讓我感動的地方就在於，男孩雖然知道自己的媽媽不盡完美，但還是愛著不完美的媽媽，而媽媽也適時發現自己在親子互動的不足之處，願意檢討改進這些缺失，並體現在未來的親子相處上，這是多麼難能可貴啊。

末尾，我想藉由繪本中的一段話，對我的兩個寶貝孩子說：

謝謝你們喜歡像我這樣的媽媽。
謝謝你們的誕生。
媽媽永遠、永遠、
永——遠最喜歡你們了！

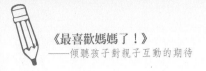

13《閉上你的雞嘴！》

——善誘好發問的孩子靜心傾聽的能力

【故事介紹】

農場裡的雞媽媽生下九顆蛋，她滿心喜悅的孵著蛋寶寶，只是這份喜悅並沒有維持多久，雞媽媽便開始感到心煩不耐，原因就是其中一顆蛋寶寶，竟然聒噪不止！終於蛋寶寶們破殼而出，成爲小雞寶寶，而聒噪的那顆雞蛋，也孵化成一隻聒噪的雞寶寶，後來雞媽媽和其他雞寶寶受不了，喝斥他：「閉上你的雞嘴！」聒噪的雞寶寶因而誤以爲他的名字叫做「閉上你的雞嘴」。

聒噪小雞就像機關槍一樣，不停的向他人詢問，例如，父母在教導小雞抓蟲子的生存技巧時，聒噪小雞卻在問雞爸爸有關日出雞啼的問題；當全家外出和其他動物認識打招呼時，聒噪小雞問乳牛太太關於她屁股放出來的風；另外也詢問豬先生關於他捲捲的小尾巴；還問鵝媽媽關於她強勢的態度。聒噪小雞每每發問，便遭在場動物責難：「閉上你的雞嘴！能不能安靜？」

被斥責愛說話的聒噪小雞難過的說，他不喜歡大家都叫他不要講話。他傷心的跑出農場，大家頓時感到無比清靜，爲不須再忍受聒噪小雞的吵鬧而大感開心。然而，隔天開始，農場的所有動物都不太對勁，行爲舉止皆不似往常，爲何會如此呢？雞媽媽終於明白，原因就是聒噪小雞離家出走了。

雞媽媽到處尋找聒噪小雞，終於在樹林中發現他，他依舊不改其好問的個性。雞媽媽擁抱著聒噪小雞，對他曉以大義，讓他明白好奇不是壞事，好發問也值得鼓勵，但是其他人也有發言的權利，聒噪小雞應該適當保持安靜，聽聽他人說話；另外，發問前應該先觀察周遭環境，也許答案已存在其中；別人回答問題時也要專心聽，才能學到東西。究竟聒噪小雞到最後是否有改變他好問的個性呢？

【貞慧的媽媽心、媽媽經】

這眞是一本趣味性很高的繪本！看到結局時，我不禁想到我們常說的「江山易改，本性難移」這句俗話呢！作者藉由一隻好奇的聒噪小雞不停的向人發問，引發他人困擾與不愉快的故事，來呈現家中出現好問小孩時，家長應該如何面對與教育這樣的孩子。

在眞實生活裡，如果家中出現這樣不斷發問的孩子，常會被他人胡亂冠上「過動兒」這種醫學名詞加以對待，這是十分不恰當的刻板印象，就如同故事中聒噪小雞被稱爲「閉上你的雞嘴」一樣。聒噪小雞天生好奇，想透過發問來滿足其好奇心，這原本是值得鼓勵的行爲。然而他不懂得保持安靜的時機，讓這個發問的優點，成爲擾人的缺點，這是相當可惜的。家長從這個故事，可以學到如何教育孩子發問與傾聽的時機，引導孩子將「勇於發問」這項優點發揮在適當的時候。

此外，在這個故事裡，我們看到，每當聒噪小雞提出問題時，農場裡所有的動物，包括雞寶寶的父母與鄰居都以「閉上你的雞嘴」這句話試圖堵住他的嘴。這並非適當的應對方式，家長莫一味使用否定句，或是上對下的命令句語氣來對孩子說話，如故事中「閉嘴」、「別亂插嘴」等命令式的語句。家長當學習與孩子「對話」，而非只想要求孩子聽話。

親子之間應該學習彼此傾聽對方的想法與心聲，尊重每個人都有說話的權利。父母要教育孩子，除了要學會表達自己的想法之外，同時也要學習傾聽他人，一如繪本中雞媽媽對聒噪小雞所說的，每個人都有說話的權利，你可以發問，但也要具備保持安靜、傾聽他人說話的能力。

這個故事還有一令我深有同感的地方是，雞媽媽對聒噪小雞提醒的第三點：在發問前應該先觀察周圍的環境，也許答案已經存在其中。別人回答問題時也要專心聽，才能學到東西。依據我的教學經驗，我發現現在的孩子遇到問題時，通常不先思索答案，就直接亂問一通，其實答案明明就在眼前，但他們就是懶得自己去尋找答案；或是只純粹想藉由問問題來吸引他人眼光，對於老師給予的回答則聽得心不在焉。我希望孩子不要凡事都急著發問，先試著自己去找出答案。如果遇到問題就發問，沒有先經過一番思索，這其實也是偷懶、不動腦筋的表現，不是嗎？

《我好想搗蛋！》
作者：**許恩實**
譯者：悅瑄
繪者：**曹原希**
童夢館提供

14《我好想搗蛋！》——不要忽略孩子發洩情緒的方式

【故事介紹】

小男孩小藍和媽媽鬧彆扭了！他覺得媽媽總是對他嘮叨、碎念加責罵，例如碎念他放學回家要先洗手；就連怎麼洗臉也要指揮小藍；吃東西也要管東管西；和弟弟玩遊戲，弟弟在哭，媽媽沒搞清楚狀況就劈頭罵他；想買喜歡的東西，媽媽還會跟他談條件，說如果他表現乖才會買給他。小藍不明白，他覺得自己一直都很乖，而且比其他小孩還要乖，爲何他們都可以得到想要的東西，自己卻不行呢？

小藍胡思亂想，懷疑媽媽並不喜歡他，因此他決定做一些任性的事，開始到處搗蛋。小藍的搗蛋事蹟包括：把鞋櫃的鞋子踢得滿地都是，還偷穿媽媽的高跟鞋；有人打電話到家裡來時，他向對方謊稱媽媽不便接電話；洗澡擠出大量沐浴乳，弄得浴缸滿滿都是泡沫；還把東西亂放在不適當的地方，例如把眼鏡放進馬桶、把肥皂放進冰箱等；甚至在家裡踢足球，把物品踢得東倒西歪。

小藍以為這樣終於可以引起媽媽的注意和關懷，沒想到因為他做了許多任性的事，讓媽媽生氣了，甩上房門要小藍好好反省。瞬時，房裡所有東西都動了起來，也學小藍做任性的事。小藍逃到大馬路上，街道上的樹木、街燈與車子也都跟著有樣學樣，做出任性的事。此時彷彿世界上所有東西都在做任性的事，這讓小藍好害怕，他想到媽媽，立刻拔腿跑回家找媽媽。後來發生什麼樣的事，讓小藍鬆了一口氣，暫時收起搗蛋的念頭呢？

【貞慧的媽媽心、媽媽經】

這樣的故事內容，爸媽絕對不會感到陌生。突然間，孩子變叛逆；突然間，孩子做出許多任性、搗蛋的行為。其實這些都不是突然間發生的，而是日積月累而來的，可惜父母經常將之歸因於孩子不懂事或是調皮的個性。

事出必有因，如果與疾病無關，孩子平時不會無緣無故的表現出反常的行為。父母應該去了解孩子搗蛋的背後原因，也許他們渴望引起父母的關注；也許他們渴望被愛，並期待自己能獲得他人的肯定。

故事中的媽媽雖然動機是想教育孩子，希望導正孩子某些不適當的習慣或行為，但問題出在媽媽總是以負面的碎念方式說教，別說是孩子，連大人也受不了老得聽人碎念啊！故事裡小藍覺得媽媽凡事都錯怪他，都不先去瞭解他，孩子內心有著被誤解的滿腹委屈，做父母的是否能夠體會孩子被誤解的難過心情？

孩子經常被誤解、被碎念，日積月累下來就會想：「反正你們大人都說我調皮、不乖，那我就來搗蛋給你們大人看！」輕者就是像繪本內容所描述，在家裡搗蛋、搞小破壞；嚴重的話，孩子甚至可能到外面去做一些離經叛道的違法行爲來發洩情緒，例如我們經常聽到，孩子在外漫無目的的遊蕩，然後突然點火燒機車，這樣的新聞層出不窮。

父母應該學習試著以傾聽、溝通、討論來取代嘮叨、碎念和責罵，讓孩子的情緒有適當的出口，而不是壓抑累積到某個程度後，任性的行爲就如火山爆發，難以收拾。

雖然有不少繪本透過故事的鋪陳與描繪在檢討父母處理親子關係的方式與態度，希望父母能多所反思。但我必須說，世界上沒有完美的父母，就如同沒有完美的小孩一樣，我相信大部分身爲父母的我們都很用心的以自己的方式，努力爲孩子們打造一個溫暖的家和心靈的避風港。面對我們做得還不夠好的部分，無需太內疚或自責，放寬心，允許自己慢慢在教養路上學習做個還不錯的父母親。

這個故事的後來發展也教育了孩子一個重要的觀念，如果每個人都任性做自己想做的事，這世界將會變成何其失控的模樣，相信孩子也不想要這樣的世界。父母與子女是世上最親密深切的關係連結，若到最後變成有話不好說的對立狀態，會是很遺憾的。身爲父母的我們何妨勇敢一點，彎下身來，開始和孩子進行可以爲彼此帶來正向改變的對話吧！

15《我的願望：天天不挨罵》
——忽視孩子挨罵感受，恐強化孩子的負面行為

【故事介紹】

繪本故事的主人翁小男孩是個小學一年級的新生，他原本好期待小學生活，但是小男孩一直有個苦惱，那就是每天生活都在重複上演挨罵的戲碼。無論是在家裡，或是在學校，小男孩似乎都逃離不了挨罵的命運。

小男孩有個還在吃奶嘴的妹妹，由於媽媽是職業婦女，所以在媽媽下班前，小男孩便被賦予陪伴與照顧妹妹的責任。妹妹任性耍脾氣，在媽媽回到家時，爲吸引注意，哭得更兇，讓媽媽誤以爲小男孩沒有盡到照顧妹妹之責，於是小男孩遭到媽媽的責罵。小男孩雖然想要向媽媽解釋發生了什麼事，但他過去的經驗，讓他明白說實話也沒有用，只會讓媽媽有機會罵得更多、更嚴厲而已。

小男孩的學校生活也不好過，原本很期待小學生活的他，卻被同學排擠、被老師責備不遵守教室秩序等等。聽到同學說他壞話，小男孩做出自我保護的反擊，卻又遭到老師的誤解，

以為他欺負同學，小男孩吞下委屈，不想多費唇舌解釋實情，因為在家裡的經驗，花心力解釋事情的經過，只會被解釋為狡辯，他已經被標籤為調皮搗蛋的孩子，他幾乎放棄為自己爭辯，甚至開始懷疑自己是否真的是壞小孩。

日本的七夕節傳統之一，就是寫許願紙條掛在許願樹上，其他學生都寫出自己的雄心壯志，只有小男孩寫下了這個微小卻令人揪心的願望：「我的願望：天天不挨罵」。老師看到時的反應是什麼？媽媽知道後又做何感想？大家猜猜看！

【貞慧的媽媽心、媽媽經】

讀完這個故事後，我好想給這個小男孩一個超大擁抱，無論在家庭或學校裡，他真的受到好多委屈啊！世界上有好多孩子被誤貼標籤，人生被別人放棄，也被自己放棄，這實在是很遺憾的事。

其實我們大人也都是過來人，在成長的過程中，也多少經歷過被誤解的情況，等到別人發覺原來是他們錯怪了我們，在那個當下，我們是不是也曾感到委屈想哭，甚至真的放聲大哭呢？如果我們都理解那種心情，那麼我們大人是不是也該試著同理孩子挨罵的心情呢？

通常罵人與責難他人都不太可能有好話說出口的。凡事不先問清楚，就先把孩子罵一頓，責罵孩子眞的可以改善孩子的行爲表現嗎？還是有可能強化孩子的負面行爲呢？當孩子長大了，有自己的思想，知道要反抗了，大人一味的責罵與命令式的威權教養，只會將孩子推得離父母越來越遠。孩子如果在家庭裡得不到肯定與慰藉，他們會到家庭以外的地方尋求認同，這種情況容易遭他人趁虛而入，只要一遇到別人稍微對他們友好或示愛，他們便容易忽略情感的眞僞虛實，奮不顧身的一頭栽入，結果可能受到更嚴重的傷害。

我發現，許多孩子擔心招來更多責罵，會越發不願意對父母坦誠說實話，面對大人也會感受到一股被權威逼迫的壓力，寧可將眞心話積放在心底，也不願宣洩出來，久而久之就變得懶得解釋，一點也不想再爲自己辯護了。最嚴重的結果是，孩子也開始自我懷疑、自我否定，甚至自我放棄。「反正你們都說我壞，那我就壞給你們看！」這樣的心情，不知懸宕在多少被誤解的孩子心上啊！

我衷心期望，家長能夠學習一個「標準動作」：在責罵孩子，或在對孩子說教之前，嘗試先傾聽孩子的心聲吧！也許事情發生的經過，並不如父母以爲的那樣，要給孩子說明、澄清的機會，切勿自以爲是的判讀而錯怪了孩子，造成孩子內心難以抹滅的傷痕或陰影。

父母應該試著發現看似調皮搗蛋的孩子，其實也有他們的長處與優點，例如：他們也許更富有創造力、充滿活力、勇於嘗試新事物；太乖順的孩子可能一味迎合大人的要求與期待，不見得是好事。

責罵的效果極其有限，只能收一時威嚇之效。以我家爲例，孩子們挨罵之後，可能會有一時的乖順，但這行爲大多維持不長久。我發現眞正讓我的孩子願意改變的原因，通常是因爲他們看重媽媽，對媽媽有愛，且在反省後，發覺自己的行爲或言談的確有不恰當之處，而發自內心想要做一點正向的改變。

祈願我們大人都不要低估了頻率過多的責難所帶給孩子心理的負面影響，除了重視孩子不當行爲之調整教育外，我們也應該正視孩子在挨罵之後的心理反應與調適，並且試問自己：「如果責罵無法達成有效溝通並改善孩子的不適切言行，那我還要繼續責罵孩子嗎？罵孩子罵到最後會不會變成只是我在對孩子無理性的宣洩情緒而已？」

《我的願望：天天不挨罵》
——忽視孩子挨罵感受，恐強化孩子的負面行為

《我的願望：天天不挨罵》
作者：**楠茂宣**
譯者：張桂娥
繪者：**井聖岳**
小魯文化提供

16《轟隆！小豬的煙火大會》
——孩子的負面情緒像隱形炸彈，父母要學會拆彈

【故事介紹】

豬太郎和同學發現隔壁鎮晚上要施放煙火，興奮的相約要去看煙火。怎奈他的媽媽和同學的媽媽當晚都有社區活動要參加，而爸爸又要加班，不能帶豬太郎他們去，因此媽媽禁止豬太郎和同學在沒有大人的陪同下，自己去看煙火。

遭到禁止去看煙火的豬太郎既失望且生氣，在地板上用力的跳腳，表達自己的氣憤，卻又被媽媽責難。他氣沖沖的跑去頂樓，恰好看到公車上坐滿要去看煙火的鄰居，豬太郎心生羨慕，感到更加憤怒。

無處發洩負面情緒的豬太郎，聯想到先前媽媽讓他不滿的舉動，例如要求一天刷三次牙；把電動玩具藏起來不讓他玩；在豬太郎洗澡時嘮叨；限制豬太郎看電視的時間；看到成績單時說豬太郎笨等等。這些過往的不愉快經驗，此時全部浮上心頭，簡直讓豬太郎氣炸了，自己瞬間變成一枝爆不停的妖怪煙火，到處亂竄。其他亦遭禁足的同學，也跑到屋頂上，猶

如火山爆發般，一塊兒變成妖怪煙火四處亂鑽。整個社區的天空，頓時化爲煙火齊放的美麗夜空。一陣轟隆隆之後，孩子們的情緒發洩完畢，心情大感痛快，甚至還被鎮上其他小孩當成英雄對待呢！

怒氣發洩過後，豬太郎好累喔！不好意思的回到家，媽媽是否有責難豬太郎呢？爲什麼最後豬太郎可以睡得又香又甜呢？快來看看這個有趣的故事吧！

【貞慧的媽媽心、媽媽經】

這實在是一本可愛又趣味橫生的繪本，作者竟然能想到以煙火來形容孩子的憤怒情緒，十分有創意。看完故事之後，不禁讓人直呼：「這根本就是孩子的逆襲啊！」孩子在讀這本繪本時，一定會感到情緒被理解的快樂。

孩子不像大人，其尚未經歷深度社會化，不知道如何管理情緒，情緒失控而外顯都是在所難免。想想看，連大人都需要適度的發洩負面情緒，孩子當然也是如此。孩子的負面情緒需要有宣洩的出口，平時就讓孩子有機會釋放壓力與抒發情緒，才不會積累太多負面情緒，而導致一發不可收拾。

身爲家長，大家一定都經歷過孩子怒氣大爆發的情況，不知道各位是如何處理呢？是沒有嘗試找出原因就直接責罵小孩「不乖」？還是先讓孩子將情緒發洩完畢後，再與孩子懇談？

作者以孩子的角度看待父母，描繪小孩對父母的一些作爲與安排有所不滿與抱怨，例如不想再彈鋼琴；不想去上英文課；媽媽好吃的東西都不給小孩吃，連睡覺都只向著妹妹。豬太郎的怨言讓我想起我兒也曾抱怨，媽媽睡覺時都只面對姊姊。眞是冤枉啊！這只不過是我個人的睡眠習慣，而姊姊正好睡在我習慣面向的那側罷了。我向兒子解釋後，他也終於能釋懷，不再針對這個情況感到忌妒不滿。

繪本裡豬媽媽命令式的禁止豬太郎外出看煙火：「不行就是不行！」這聽起來是不是很熟悉呢？大概我們做父母的都曾說過吧！其實父母眞的要自我反省，不要總是以威權式的命令語氣來對孩子說話。即使再忙，如果父母願意抽一點時間，嘗試向孩子解釋要他們做某些事或禁止他們做某些事情的理由，孩子是會願意去學習了解父母的用心的。

例如在繪本裡我們看到，豬媽媽不准豬太郎與同學去看煙火，但是豬媽媽可能太忙了，沒有向豬太郎解釋，不讓他去看煙火是因爲沒有大人可以帶他們去，孩子在晚上外出沒有大人隨行，大人會擔心他們的安危。如果豬媽媽可以稍微放下手邊的事，對豬太郎解釋豬媽媽不放心他單獨外出的原因，我相信豬太郎或許在當下會感到有點失望難過，但終究還是會理解豬媽媽的擔心。

尤其對於家中有步入青春期孩子的家庭來說，孩子叛逆個性越來越鮮明，漸漸邁向獨立，與同儕朋友相處的需求越來越強烈。我的女兒便已步入青春期，有幾次她告訴我週末要跟同學出去玩，作為母親的我當然會感到緊張，我必須知道她要見面的同學是哪些；要去的地點是哪裡；預計幾點要回到家。雖然有幾次我因有所顧慮而沒有准許，惹得女兒不高興，但是我花了些時間向女兒解釋我的擔憂，女兒聽完多少也接受了。當然，我必須承認，我還在學習如何做一位適時放手的母親。

故事結尾，不管豬太郎那天如何的任性鬧脾氣，最後他還是安心的睡在豬爸爸與豬媽媽之間，父母看著他並討論著如何彌補他，這個溫馨的畫面讓人感受到，親子關係是需要花時間用心思去經營的，唯有彼此間有一定程度的感情基礎，即便偶爾發生衝突，情緒過後，很快地還是能夠恢復家庭的親密和諧。

17《有你有我》

——父母的用心陪伴是最好的教養

【故事介紹】

大黃鼬與小黃鼬是一對父子，他們每天總是形影不離，無論做什麼事情，黃鼬父子永遠膩在一起。當他們一起遊戲時，父子會比較高矮；玩角色扮演時，會搞笑扮牛與豬；他們還一起踢足球，黃鼬爸爸總是故意讓小黃鼬得分。

黃鼬父子也會一起做家事，煮菜時他們會耍笨；吃飯時會分享食物。晒衣服、洗泡泡浴、在書桌前工作與寫功課，甚至上廁所都要在一起。

黃鼬爸爸很愛護小黃鼬，他讓小黃鼬吃超大支的冰淇淋；滑雪時為了保護小黃鼬而自己受傷；下雨時騎腳踏車，寧願自己淋雨，也不會讓兒子淋雨。

父親雖然很想隨時隨地和兒子相處在一起，但是父親也會有累得想睡覺休息的時候，成長階段的小黃鼬卻精力旺盛的上下蹦跳。有時父親有事情要忙，兒子卻吵鬧不止；兒子玩完的滿地玩具，卻是父親來收拾，讓鼬鼠爸爸傷透腦筋。有時爸爸會生氣大叫，兒子因此大哭。有時兒子任性想要買玩具，爸爸教育兒子節制自己的欲望。

無論兒子成長階段如何冒險，鼬鼠爸爸都會在旁守護，兒子受傷了，爸爸永遠會爲他包紮傷口、給他溫暖的安慰。

父子白天玩溜滑梯，睡前玩親親互道晚安，相互確認彼此的愛，親子的情感將在父親如此用心呵護、經營下，永遠都在。

【貞慧的媽媽心、媽媽經】

這本繪本描寫雋永的黃鼬父子情，文字雖然簡單卻深刻，道出親子日常生活的情感交流，父母讀來一定很有共鳴。

大黃鼬與小黃鼬的父子互動，有開心、有溫暖，也難免有衝突與摩擦，但是即便產生一些爭執與不愉快，彼此的陪伴，依舊無限美好。作者以日常生活的細節，隱喻親子教養相關主題，例如：生活習慣的養成、價值觀的建立（如小鼬鼠在超市哭鬧，吵著要買玩具的情節）、孩子追夢過程給予引導和支持（如小鼬鼠睡覺做的夢是理想；灌溉的玫瑰花是未來願望；疊椅子攀高是冒險與追求人生目標，小鼬鼠摔下來，父親爲他擦藥）等等，整本繪本不談大道理，但字字說進了爲人父母的心坎裡。

我一直相信，父母給予孩子用心的陪伴，就是最好的教養。孩子看著父母的一舉一動，不斷的模仿、學習，因此父母應該警覺，自己是孩子最初也是最重要的學習榜樣。同時，孩子總是爲我們父母帶來意想不到的生命體驗與驚奇，我們從他們身上看到自己遺忘許久的純眞、對事物的好奇探索與對生命的感動。例如繪本裡描寫父子倆在踩地上的水花，讓我想起孩子小時候，我曾多次在下著小雨的日子裡，帶孩子到公園踩水窪，享受雨天玩水的歡快。如果孩子不曾出現在我的生命中，我恐怕沒有機會體驗二度童年的天眞爛漫與美好啊。

我想作者藉由黃鼬父子在灌溉玫瑰花的畫面，隱喻玫瑰就像是正在成長中的小黃鼬。此外，黃鼬爸爸睡覺時在做夢；兒子睡覺則是懷抱著夢想。孩子成長的速度飛快，未來終有一天將離開父母而獨立，展開屬於自己的人生、追求心中嚮往的生活藍圖。爲人父母的我們，與其成天處心積慮去安排孩子的未來，期待孩子以後要有什麼成就，倒不如把握與孩子相處的每一個幸福時刻。這些陪伴的經歷，未來都將成爲親子回顧過往相處的珍貴記憶啊。

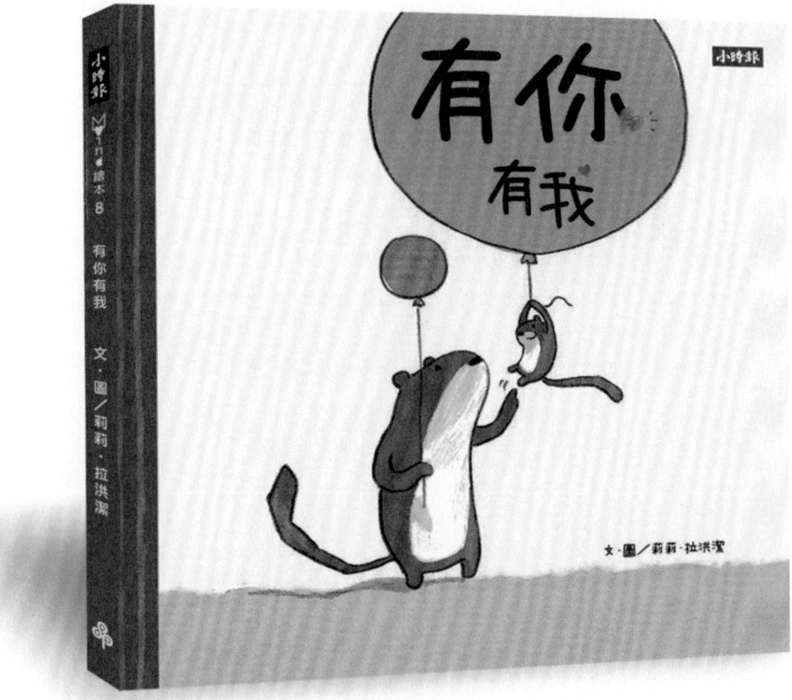

《有你有我》
作者：莉莉 · 拉洪潔（Lilli L’Arronge）
譯者：黃筱茵
繪者：莉莉 · 拉洪潔（Lilli L’Arronge）
小時報出版

18《小麥和超級英雄》

——父母是孩子仰望的生活英雄

【故事介紹】

這個故事的主人翁是個名叫「小麥」的男孩，他和許多其他小孩一樣，都非常崇拜而且著迷於各種存在於虛擬世界的英雄人物，例如超人、蝙蝠俠、蜘蛛人，還有近年很夯的「漫威英雄」人物，包括鋼鐵人、美國隊長等。孩子的整個房間都堆滿這些英雄人物的模型；日常生活與家人和其他小孩的對話，開口閉口也是談著有關英雄人物的話題。每當過生日或耶誕節，孩子渴盼的禮物，也都是英雄造型的玩具。

然而，在眾多的英雄人物中，小麥卻有一個最崇拜的超人，而且是活生生的存在於小麥的日常生活裡，那就是他眼中的「超能女超人」。這位超能女超人到底有何過人之處，可以打敗眾家超人們，贏得小麥的崇拜呢？例如，超能女超人會寫電腦程式、拆解炸彈、控制上百萬的機器人；她能馴服各種兇猛狂野的動物；她有超高的智商，有本事破解科學與數學難題；她還有透視能力，即使不在同一個房間，她也會知道小麥正在偷吃點心！事實上，在小麥的眼中，超能女超人更棒的地方在於，她爲小麥解決了生活中大大小小的瑣事，包括煮飯、洗衣、修理小家電、教小麥做數學功課、幫受傷的小麥貼繃帶。當然，最棒的是，女超人會在小麥睡前，變裝成一位慈祥的媽媽，對小麥做一件令他感到窩心無比的舉動，這可是所有英雄人物都沒法子做到的，猜猜是什麼事情呢？

【貞慧的媽媽心、媽媽經】

看完這本繪本，我眞是心有戚戚焉，心頭滿滿感動，因爲我也是個喜歡在睡前擁抱孩子，並向孩子道聲晚安的媽媽呀！

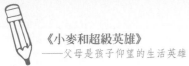

作者以生動的女超人形象，來比喻孩子心目中媽媽的多元面貌，像是幫孩子做三餐、洗衣服、修理玩具，將困在高處的寵物抱下來；以及協助孩子解決生活中遭遇到的大小難題，如寫功課與做美勞等。這些事在小孩眼中，就像是非常了不起的超能力，不由得心生崇拜，覺得父母根本就是天下無敵的超人。

從這本繪本，我體會到「爲母則強」這句話的硬道理。雖然我們常說母性是天生的，但是女人不是生下來就懂得如何當媽媽。其實我在結婚之前，是個生活能力很差的人，連打個蛋都做不好。從學生時期到進入教書生涯，生活中的大小事情，都仰賴我的母親幫我打點，連每天上學、上班該穿什麼衣服，母親都會提前幫我挑選、搭配好後掛在衣架上，讓我不用爲這些生活瑣事費心。然而，在結婚有了兒女之後，我了解到，自己是個媽媽了，養育照顧小孩的責任，不能以「我不會」這樣沒有擔當的藉口來卸責；或完全假手母親或家人的協助。我開始一面養育孩子，一面認眞學習如何當個稱職的母親。同樣的，男人也不是天生就會當爸爸，這都是需要透過經驗學習而來。有了孩子後，父母要學習讓自己勇敢、堅強，也必須學習讓自己更有能力安頓與照顧孩子的身心狀態。

在孩子眼中，媽媽就是天，媽媽也是孩子堅強的後盾與溫暖的依靠。孩子在幼年時期，若能得到父母全心全意的愛，他們的成長之路將走得更穩健，更有自信與勇氣迎接新的嘗試和挑戰；也因爲孩子是在愛的環境中成長，也會慢慢培養出愛人的能力。

値得一提的是，學齡前的孩子，是仰望著父母的身影成長的，他們會將父母的世界視爲自己的全部，父母的一言一行，孩子都看在眼裡，也許父母說的話，孩子不見得會照單全收，但是父母不經意的日常小行爲，日子一久便會潛移默化複製在孩子的言行中，特別是父母較爲負面的言語或行徑，孩子似乎學習得特別快，身爲父母的我們不得不愼啊。現今社會的家庭結構不一樣，隔代教養的情形相當普遍，平常擔負主要養育之責的祖父母們，同樣也需在孩子面前謹言愼行。

我的兩個孩子目前已進入青春期階段，日常生活的相處，他們不會再仰望著我，有時還會當面吐槽我呢！我們的親子關係逐漸加入朋友的元素，這讓我們彼此間的互動變得更輕鬆有趣！未來當他們長大成人之後，他們也會成爲自己下一代的仰望對象，如果他們童年時期與我互動的經驗，能夠提供他們成爲稱職父母的參考範例，這樣我也會感到滿足且充滿成就感呢！

19《只有一個學生的學校》——回歸教育本質的省思

【故事介紹】

開學了!新生小女孩去上學，卻是全校唯一的學生，震驚了所有的老師。然而他們擔心的重點，是在於自己可能將面臨失業，經過一番討論，老師們相信，如果把這唯一的學生教得成績出色，也許可以吸引更多學生來這所學校就讀。每位科任老師，包括音樂、體育、語文、自然、美術以及數學老師等，全都摩拳擦掌，要將自己專長科目的所有本領，全力教授給這唯一的學生。

當老師們你一言我一語的討論著如何栽培這唯一的學生時，小女孩卻被這些老師相互爭吵的表情與行為給嚇到了，她因此逃離教室，開始一段美好的學習小歷險。她和老伯伯學習種花；她觀摩廚師如何做菜；她與小狗快樂的在空地上玩耍；她到圖書館製作自己的書。

老師們終於發現唯一的學生不見了，他們到處尋找，最後在圖書館找到小女孩。老師們看到小女孩製作的書，書中小女孩將老師們畫成群魔亂舞的怪獸，他們方知自己在這位學生心中的恐怖形象，終於覺醒。最後，老師們完全改變教學方式，彼此進行跨領域的連結與整合，例如：語文老師做麵包；美術老師改唱歌；地理老師表演魔術；數學老師製作木頭汽車等等，這樣的教學改變，讓小女孩在學校可以快樂學習。學校最後有沒有吸引更多學生來就學呢？如果你是作者，你會如何安排結局呢？

【貞慧的媽媽心、媽媽經】

身爲教育工作者，看完這本繪本後，內心感觸良多。臺灣少子化現象，已經是近年來各方嚴肅探討並積極尋求解決之道的議題。其實學校只有一位學生的狀況，早已在臺灣發生過好幾次，只是並非如繪本中的快樂結局，而是最後連學校都被廢除了。不過，此繪本的重點並不在如何討論教師如何保住自己的飯碗；或是如何挽救學校面臨倒閉的命運，而是重新省思教育的本質。身爲一名教師，即使僅僅面對一名學生，該如何維持教育熱忱與使命？是否能夠做到不忘初心？我深感此繪本應可做爲教師在職進修的必讀書之一！

作者藉由巧妙的故事安排來傳達，不少大人其實並不在意孩子想知道什麼，或是適合怎樣的學習方式，他們只忙著將自己複製到孩子身上。這個提醒對所有父母與教育工作者而言，眞是當頭棒喝。作者帶領我們省思教育的眞諦，到底該給孩子什麼樣的課程內容？在升學主義掛帥的臺灣，大多數的學校教育受到來自家長的壓力，被迫進行分數導向的授課方式，以協助學生在考試中獲取高分為首要目標，使得教育前進的方向，與教育的本質和眞義越離越遠。這個故事中的老師們最後開始教導學生自己專長科目以外的東西，例如音樂老師教做菜，體育老師教編織等。這讓我反省到，教育工作者不該只專研於自身專長領域，應該也要多涉獵其他領域的知識與技能，再加以應用在自己的教學上，讓授課內容更豐富、更多元、更趣味，也讓學生更為知曉跨界思考的時代趨勢與重要性。

而身為父母的我們，也應該反省，我們會因為害怕孩子的成績落後，而把孩子天天送往補習班加強課業嗎？我們究竟期待養育出什麼樣人格特質與具備什麼能力的孩子呢？臺灣社會長期以來都陷在一種儒家思想的迷思：萬般皆下品，唯有讀書高。在現今瞬息萬變的年代，臺灣傳統三百六十行的職業分類，早已不符合現代社會的需求。已經有不少不符合社會潮流的行業，快速被淘汰，消失得無影無蹤；而機器人的出現，也將取代許多傳統行業。記得我的兒子曾經對我說，他未來希望當個電競選手，當時我聽了很意外，心想：有電競這種職業嗎？想不到後來在新聞中看到，世界上眞的有許多類型的電競大賽，臺灣也成立了好幾支職業電競隊伍，其中還有隊伍已經拿下電競比賽的世界冠軍，未來電競甚至有可能列入世界大型運動會的比賽項目之一。這時我才驚覺，原來世界早已發展成與我那個年代截然不同的面貌。身爲父母的我們，如果不去觀察世界快速演變的方向，只一味要求學校老師緊盯孩子的學業成績表現，眞的能夠引導孩子培養出因應未來世界的生存能力嗎？這些都是我們身爲家長或教育工作者，必須認眞思考、應對的課題。

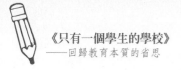

20《快快城市最快的爺爺》

——速度文化下的慢活

【故事介紹】

在一座快快城市裡，所有的事物都是以飛快的速度進行，一個住在快快城市的小女孩，每天一睜開眼睛，就被催促著以快快的速度，完成日常生活的每一個動作：快點刷牙、洗臉、穿衣、吃飯，快點出門上學。就連在學校裡的集體生活，小女孩依舊被要求快速作答、快速背誦、快速發言。放學後小女孩也得快速回家，因爲在家裡還要上媽媽安排的快速學鋼琴，還要快點寫完功課，快點去上補習班，因爲在這座快快城市裡，落後是一件丟人的事情。

小女孩有個任務，就是到公園去接爺爺回家。坐在公園的爺爺，在小女孩眼中，好像是住在時鐘壞掉的時空，一切都是靜靜的、緩慢的。爺爺讓小女孩停下匆忙的腳步，坐上鞦韆，以悠閒的心情，享受涼爽的微風和美麗的藍天。

可惜小女孩享受閒適的時光很短暫，她依舊得屈服於快快城市的步調，趕著去上補習班。上課期間，窗外下雨了，老師宣布解完數學題的同學就可以先打電話回家。其他同學都很快完成解題，打電話回家，等父母開車來接送。小女孩最後才完成作答，結果卻是小女孩的爺爺最先抵達來接小女孩回家，這是爲什麼呢？邀請您來讀讀這本繪本，找出答案吧！

【貞慧的媽媽心、媽媽經】

雖然這是韓國繪本，但是故事所描述的內容，是不是會讓身處於臺灣的我們，有一種似曾相識的感覺呢？

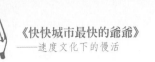

升學壓力是許多亞洲國家的孩子共同面臨的問題。求學時期面臨的是課業競爭、才藝競爭、升學競爭，而從學校畢業之後，接著還有就業競爭、薪水競爭、升職競爭等。所有人在這樣的惡性競爭循環中，追求比別人更快達成目標，「快」似乎成爲大家共同認可的指標。就像繪本裡描述的，女孩被母親催促著做所有的事情，「快點！快點！」之聲不絕於耳，人的一生幾乎就是在追求快速之中度過。

然而，一味的追求「快」，眞的有比較好嗎？什麼都要求快速，會不會失落反而更多？那些因爲快速而省下來的時間，都拿來做什麼了？還是其實大家也不知道多出來的時間可以如何善用以提高生活品質呢？繪本裡的爺爺，透過放慢步調，看到了追求快速的人們鮮少注意到的美麗風景。我認為，步調越快的社會，人們更應該培養慢活的觀念，讓疲累的心靈稍微喘口氣，停下腳步欣賞一下周遭風景，才能養精蓄銳再出擊。

此外，補習教育和課後才藝教室，是否真的能讓孩子成績及未來成就更形出色？我認為現代的教育方式必須改變，不應該只是不斷的盯著孩子做功課，而是協助孩子培養自我約束能力和自動自發學習的態度，如知道何時該停止打電動的自制力。父母與師長的關鍵任務應是引導孩子找到自己的天賦與熱愛，往適合自己的道路前進。現今世界的發展，遠超出我們的想像之外，許多傳統職業如今都已消逝，而機器人的出現更是取代了大量的工作項目，還有更多我們意想不到的事情，如今皆成了新興職業。因此如果父母依舊以「萬般皆下品，唯有讀書高」的守舊觀念來督促孩子的學習狀況，可能因此抹煞了孩子真正的才華與未來發展的可能性，這是非常可惜的事呢！

繪本裡描繪的爺爺與小女孩的公園遊戲畫面和爺爺拿著雨傘來接孫女回家的情景，讓人看了備感溫馨。在現代社會，大部分的家庭都是雙薪家庭，父母在外忙於工作，變成由祖父母幫忙照顧孩子的隔代教養現象越來越普遍，祖父母在教養上也做出很大的貢獻。因此，當大家專注於討論父母與孩子互動關係的同時，也別忽略了祖父母在小孩心中所扮演的重要角色喔！

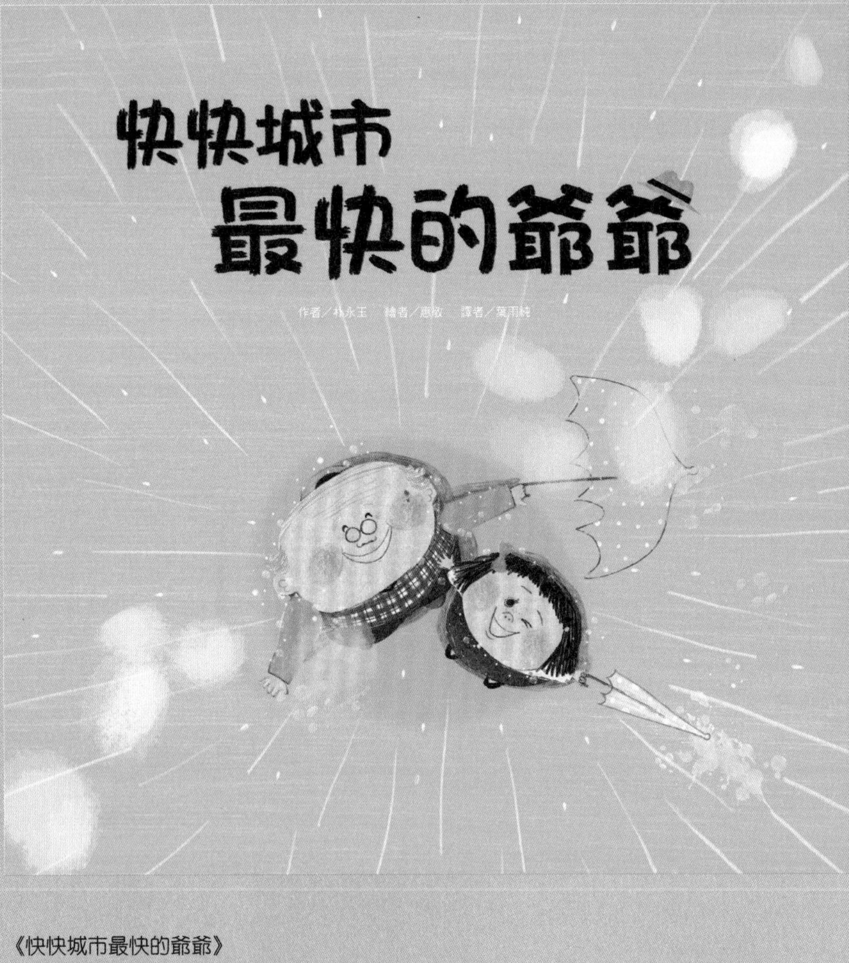

《快快城市最快的爺爺》
作者：朴永玉
譯者：葉雨純
繪者：惠敬（혜경）
臺灣東方出版社提供

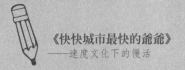

21《不要一直催我啦！》
——順應孩子的成長速度與節奏

【故事介紹】

這本書以一艘航行在大海中的小船反映一個孩子的心聲，老是被大人催促著往前走的小孩，想對大人說：「不要拉我，不要壓我，不要再一直催我快一點、快一點了啦！我要慢慢地往前走唷！你不會笑我嗎？你會等我嗎？」故事尾聲，孩子得到大人充滿善意、溫暖的回應：「好啊，你就慢慢走吧！我不會笑你的。我會等你的。」面對大人寬容的等待，孩子更有力氣向前走了。

【貞慧的媽媽心、媽媽經】

像這樣一本繪本，當父母的讀來感受一定比小孩更深更深吧！繪本不僅是幼小孩童的啓蒙讀物，很多繪本也非常適合大人細細品讀。走過一些人生風景的大人，閱讀繪本的圖文時，相信更能體會繪本所欲傳達的生活哲思與生命況味。

這本書提醒身爲父母者，順應孩子的成長速度與節奏。有的孩子學得快，有的孩子需要慢慢來，催促不會讓慢熟的孩子因而突飛猛進、迎頭趕上，卻可能造成孩子莫大的焦慮、恐慌與壓力，變得更不知所措，連繼續緩緩向前行走的能量都消失得不見蹤影。

年輕的時候，我是個重視班級讀書風氣並嚴格要求學業成績的導師，我會訂下標準分數，未達標準分數的學生要重考或罰寫。在我的「緊迫盯人」下，學生的成績普遍有所提升，但我忽略了班上有些孩子就算再怎麼努力，可能也達不到我的期望。這些老是無法達到標準分數的孩子，日子就在重考和無止盡的罰寫中度過，他們暗暗叫苦連天，卻不敢向我反映。

其中有個孩子，在我以標準分數不斷催促他要跟上來的強大壓力下，他臉上的笑容越來越少，請假不來上學的次數越來越多，最後甚至決定休學一年。這是我教書生涯最感遺憾與後悔的一件事啊，每每思及，我心中便升起無限的愧疚與歉意。當時怎麼會這麼在意學生的學科成績？是眞心希望學生考取好學校嗎？還是只是想獲取「名師」稱號的虛榮心在作祟而已？

洪蘭教授曾提到：「我們常處罰跟不上進度的孩子，其實學習的快慢有時不是孩子可以自己控制的，要看他開竅的早晚，開竅晚的孩子會因考得不好而含淚過童年，這眞是非常不公平的事。教育應該是發展出孩子的獨特性，而不是用同一把尺去迫使他們都一樣。」

彼時因為我沒有考量到每個學生的差異，不停的催促所有孩子：「快點，快點，趕快追上來！我們都在等你。」導致有孩子心頭被沉重的大石壓得喘不過氣，最後決定連走都不走了，完完全全失去向前行進的動力。這是身為老師的我曾經犯下的大錯啊，我嚴正提醒自己不可再重蹈覆轍，不可再剝奪任何一個孩子的自信。

自從生養兩個小孩後，我更加深刻體會到孩子的學習自有其進程，我對學生和家裡的兩個孩子都有了更大的耐心與包容力，願意順應孩子的成長速度與節奏，允許他們踩著自己感到最安心最舒服的步伐前行。我很喜歡作家李紫蓉寫的〈媽媽，等我〉這首小詩，詩裡這樣寫著：

孩子，
媽媽等你，
在一旁靜靜的等你。
你的認眞、你的努力、

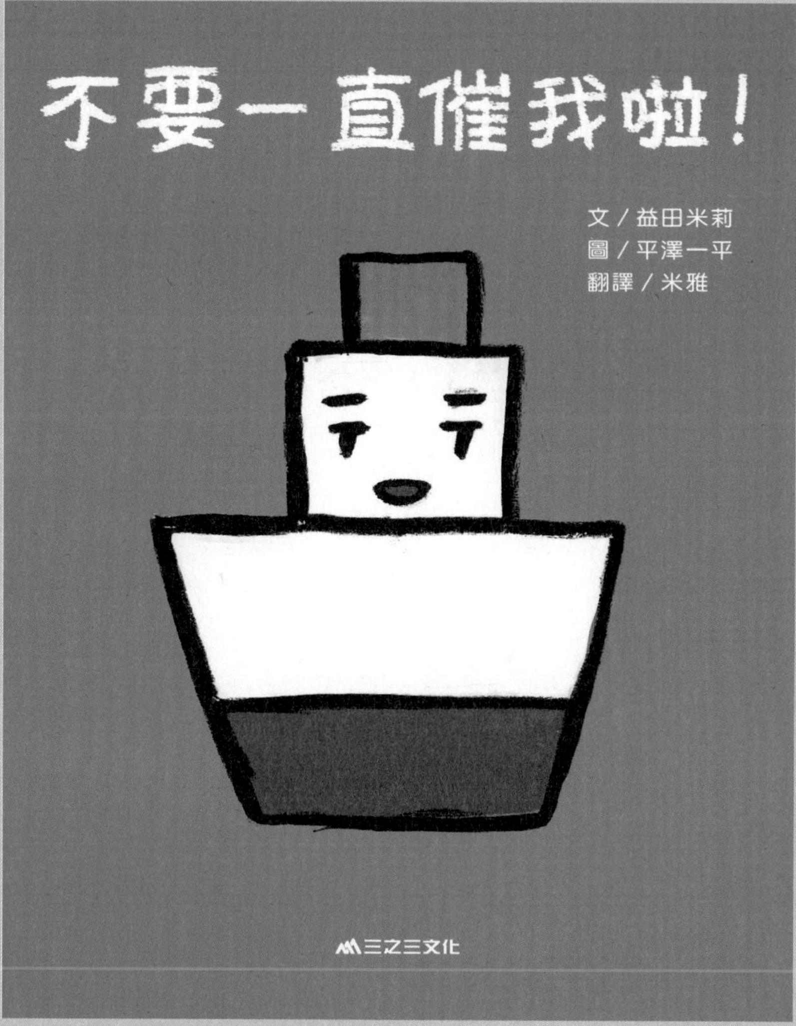

《不要一直催我啦！》
作者：**益田米莉**
譯者：米雅
繪者：**平澤一平**
三之三文化提供

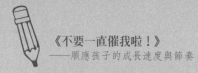

你的喜悅、你的學習，
我都看在眼裡。
放心，時間我會給你，
你比時間來得重要，
時間也會等你。

這段文字寫得好動人，也爲我帶來反省。是的，時間沒有孩子來得重要，放下對時間的焦慮，靜靜的陪伴孩子、等待孩子一步步把事情完成，並鼓勵他、讚美他、肯定他的認眞與努力，這對孩子來說，是媽媽對他的尊重及支持；對我自己而言，也是一種學習，學習讓自己的生活腳步再放得更慢些，不要因爲急著想劃掉行事曆上諸多待辦事項，而對孩子失去等待的耐性。

有時候，我深感繪本給我的教養提點比親子教育書來得更深刻、更有力道。當我身心疲累，快要失去對孩子的包容力時，我便把《不要一直催我啦！》這本繪本一頁頁的再細細翻讀一遍，這本書總是能夠一次次帶給我重新溫柔面對孩子的力量，我很感謝。

文末，我想對孩子說：「孩子，媽媽會等你們，等你們按著自己的步伐與天性長成你們該有的模樣，也會陪伴你們或跌跌撞撞或穩健踏實的走過成長的每一階段。在這個過程中，媽媽會學習放下心中的焦急與擔憂，適時的在種子上澆澆水後，就只是靜靜的守候與關心，耐心的等待種子發芽、茁壯。孩子，因爲你們，媽媽每日每日的生活裡，有了比以前更多更深刻的反思與修鍊，謝謝你們，你們是上天賜予媽媽最珍貴的禮物，媽媽會珍惜。」

22《小狐狸說話了》

——父母要尊重孩子成長的步調

【故事介紹】

剛出生的小狐狸小朝，深得父母的呵護與細心照顧，全森林的動物也為這個新生命的誕生感到興奮不已。小朝一天天長大，整天在森林裡跳上跳下玩耍，看起來長得挺健康。

然而，小朝的父母卻有所憂慮。原來，小朝已經成長到大部分的動物都該會說話的年紀，而小朝卻還不曾說過話。爸爸和媽媽好心急！他們帶著小朝四處尋求幫助，包括去找整天聒噪吱吱叫的猴子，以及聲音洪亮的大熊，還有上知天文下知地理的貓頭鷹也幫忙對症下藥，結果通通無效，小朝依舊不開口講話。

幾天後，小狐狸小朝外出玩耍，天黑了卻還沒回家，父母好擔心，四處尋找、呼喚小朝。所有動物一知道小朝不見的消息，全部出動幫忙尋找。他們不停的叫喚著小朝，希望能得到小朝的回應，卻始終沒有聽見小朝傳來任何聲響。一隻烏龜說，小朝跑進紅木森林，大夥兒一聽，立刻全往森林衝去，呼喚聲此起彼落，但依舊沒能尋獲小朝。

當大家擔心著小朝的下落與安危時，紅鹿提醒，生命皆有其特別的聲音，不一定要說話才能被聽見，只要靜下心來聆聽，就可以聽到小朝所在位置。所有動物於是靜心傾聽。猜猜看，最後他們找到小朝了嗎？隔天早上，狐狸爸爸和媽媽正在吃早餐時，聽到有聲音說：「肚子好餓！」這又是誰在說話呢？

【貞慧的媽媽心、媽媽經】

對孩子成長速度感到擔憂與心急的經驗，相信許多爸媽跟我一樣都是過來人，尤其對新手父母來說，這種焦慮更是普遍存在。我在生完第一胎後，常透過閱讀親子教養書籍來了解小孩每一階段的發展狀況，並從中學習應對之道。此外，也時常透過部落格與其他媽媽互動，彼此分享育兒經驗。雖然，和同為媽媽的網友們交流，讓我得到許多無形的鼓勵與資源，但每每書上或其他媽媽朋友們說，孩子成長到哪個階段，應該要會說話了，總是讓那時的我感到憂心。女兒在牙牙學語階段，有好長一段時日都只會發「ㄇㄚ」的音，其他音我們怎麼教，她就是無法發出正確的音來，當時我眞的有些兒擔心女兒是不是有語言發展障礙呢！

我想，許多父母都像當時初任媽媽的我一樣，很容易受到外界影響，看到自己的孩子在成長步調上與其他小孩不一樣時，便開始焦急，甚至心生孩子是否生長遲緩這樣毫無根據的疑慮。這則故事讓我們身爲父母者可以稍微調整一下自己看待孩子成長速度的態度，父母不用過度擔心孩子身體發展的速度較其他孩子慢，每個孩子都有自己的成長步調，有的孩子早說話，有的孩子早走路，有的孩子早長牙，只要不是眞的罹患先天疾病，孩子或早或晚都會健全成長的。父母應當尊重孩子的成長步調，千萬不要迷信偏方，對孩子做出任何揠苗助長的行爲，這樣反而可能導致反效果，造成對孩子身心的殘害。

這則故事讓我最感動的地方在於，森林動物們守望相助的善良風景。當小狐狸小朝不見了，不是只有狐狸爸媽憂心的在尋找小朝的下落，而是林中動物全體總動員，一起協尋小朝的蹤影。我居住的地方屬於比較老舊的社區，老年人口占大多數，許多老奶奶一整天都坐在家門口聊天。她們曾經開玩笑的說，有她們幫忙顧著每戶人家的門口，小偷是無法趁機入侵的，這對我們這些白天必須外出工作的上班族來說，社區的治安有這群熱心的老奶奶守望著，眞的讓人無比心安也充滿感謝呢！另外，幾年前我們社區裡有個媽媽，帶領社區幾對親子進行認識生活周遭科學的小遊戲，孩子們都玩得不亦樂乎，同時也長了知識，有這樣的鄰居共同教育社區的小孩，實在很幸福。我提倡社區共同照顧、教養小孩，並非鼓勵大家要去插手鄰居的家務事或是干涉別人家的隱私，這是完全不同的兩個概念。在臺灣日趨少子化與人際發展逐漸疏離的今天，每個孩子都應該被視爲這個社會的珍貴資產。家族與社區鄰里的守望相助，是十分值得延續與推廣的。

若教養、照料孩子不只是父母的責任，而能得到祖父母、手足，甚至整個社區鄰里網絡的支持作爲後盾，所有的孩子就能獲得更加完整與安全的成長空間，以及多元化、多面向的教育指導。因此，眞心期盼望所有的爸爸媽媽，愛護自己的孩子同時，也對家族與社區的其他孩子付出關心。這些孩子的成長，很可能會影響到自己孩子的發展方向。當整個大環境的人們都向善發展，當孩子周遭的同學、朋友都沒有學壞，父母根本無須操心自己的孩子會變壞到哪裡去啊。

23《媽媽，打勾勾》

——當無法兌現對孩子的承諾時

【故事介紹】

小進的媽媽答應小進，如果他乖乖的話，週末會帶他去水族館看魚，他和媽媽打勾勾。不料在出發的前一天晚上，媽媽接到電話，週末得加班，不能陪小進去水族館了。

又有一次，媽媽答應小進要帶他去遊樂園，小進再次和媽媽打勾勾。結果到了要去遊樂園的那一天，媽媽因為工作了一整個禮拜太疲累了，睡到很晚才起床。

小進的生日快到了，媽媽和小進打勾勾說會送他一個神祕禮物。但是到了小進生日那一天，媽媽被老闆罵得工作到好晚好晚。下班後所有商店都打烊了，媽媽什麼禮物都沒法子買。

小進好難過好生氣，他決定再也不當乖小孩。

後來，小進生日後的某一天，媽媽提早下班回家，準備了餐點、蛋糕和布偶小熊為小進補慶祝生日。這一天，小進擁有媽媽全心全意的陪伴，他開心極了！他和媽媽打勾勾，約定他會當個乖小孩，而媽媽也會盡量抽空陪他。

滿足的小進那天夢裡有媽媽和他一起乘風飛翔。

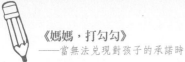

【貞慧的媽媽心媽媽經】

你是否也曾對孩子許下承諾後卻無法依約實踐諾言呢？也許是你忙到忘記了，也許你和小進的媽媽一樣迫於工作與經濟壓力，不得不一次又一次對孩子黃牛，也或許你在答應孩子的當下其實有口無心，答應後並沒有把此事放在心上。

上面提到的這三種沒有兌現諾言的情況都曾發生在我的身上。我也知道對孩子說話不該信口開河，必須說到做到，孩子才會信賴母親。但身爲母親的我，也是凡人一個，也有疲累、發懶、提不起勁或是身體不適的時候啊。比如說，明明和孩子約好晚餐後帶他們到超市採買點心和生活用品，但上了一整天班的我，回到家好累好累了，好懶得再出門，不禁對孩子說：「媽媽今天累了，身體不太舒服，我們週末再去好嗎？」孩子原本滿懷期待，聽媽媽這麼一說，好失落，忍不住要抱怨媽媽說話不算話。諸如此類的狀況一再發生，我老承諾在前，讓孩子有了期待感之後，卻因我個人或是外在其他不可抗力之因素，而導致我沒能兌現諾言，使得孩子希望落空。如果換成我是小孩，在期盼落空的那一刻，心底肯定也會很難受、很不是滋味的。

後來，我逐漸調整自己不再那樣輕易對孩子許下承諾，免得答應後卻無法做到，恐又要被孩子在心頭記下一筆、多畫一個叉了。我可不想變成前科累累、不斷失信的「黃牛媽媽」呀！我現在寧可先謹慎評估狀況，若某事變數太多、不宜先給出承諾的話，我便語帶保留或是先不跟孩子約定什麼，而是等時候到了，再給孩子一個驚喜。這樣既不會失信於孩子，又能帶給孩子意料之外的喜悅，不也挺好。

不過，我們也不可能永遠都不給孩子承諾，這樣似乎又矯枉過正了。只是，要把握一個原則：「切莫隨口答應孩子好多事請，在每次承諾之前，先想好自己是否有把握能做到。」但若眞的遇到外力，阻撓我們履行先前的約定，我們可以試著不隨孩子失落、不滿的負面情緒起舞，心平氣和的向孩子解釋。例如：「媽媽並沒有忘記這個週末要帶你出去走走，可是很抱歉，媽媽臨時接到公司指派的一項緊急任務，必須要出差一趟。媽媽不是故意食言，等媽媽把這項任務完成後，一定帶你出去玩喔！你願意體諒媽媽嗎？媽媽眞的很在乎你，也很愛你。」如果我們常常說到做到，偶爾一次無法實踐與孩子的約定，好好對孩子說明，讓孩子了解我們的處境，相信孩子是可以溝通，也可以諒解爸爸或媽媽眞的有情非得已的苦衷。

若我們平日是重承諾的父母親，在偶爾沒法兌現諾言時，千萬別過於內疚或自責，然後給予孩子過度的物質補償。這不但會養大孩子在物質享受上的胃口與欲望，也忽略了孩子更冀盼父母親能夠親身陪伴的心靈需求。我們可以延後擇期給孩子補償，就像故事裡頭小進的媽媽在小進生日後的某一天，提前下班為小進補慶祝生日那樣。孩子開心的不只是媽媽買了神祕小禮布偶小熊給他，更教他感到幸福的是，媽媽為了他，願意請假提早回家為他慶生，為他煮好吃的菜餚，並全心陪伴他，讓他感受到媽媽溫暖的愛。「愛」才是孩子真切需要且看重的。若我們不能或不願給予孩子親身陪伴的時光，那麼給孩子再多的玩具或其他的物質享樂，孩子的心是快樂不起來的，只會益發感到虛空而已啊。

讓我們彼此互勉，當個信守承諾的父母親，也盡力在無法兌現諾言的事後，給予孩子心靈的補償，讓孩子知道我們對他的重視與關愛。

只要有心、只要有愛，我們與孩子的親密、信賴關係就不會斷。

《媽媽，打勾勾》
作者：陶樂蒂
繪者：陶樂蒂
小魯文化提供

24《小天空》
——家庭情感除了親子之情，別忘了還有手足之情

【故事介紹】

啓太是家中的獨生子，父母不在身邊時，陪伴他的是一隻天藍色的小象玩偶，名叫「小天空」。每天放學回家，啓太和小天空都會對話，告訴對方當天家裡與學校發生什麼事情。

啓太透露他在學校和大家分享他要當哥哥的消息，也有同學分享自己已經當兄姊的經驗，但是有同學提醒啓太，從現在開始，媽媽不再是他一個人的了，這樣的訊息讓啓太很介意。

啓太開始承擔大腹便便的媽媽的助手，例如幫忙提重物、倒垃圾等。媽媽稱讚啓太有當哥哥的樣子，但啓太很疑惑，做這些家務事就是當哥哥的責任嗎？啓太想像著他當哥哥之後，應該做的事情，這些想像畫面幾乎都是幫忙照顧弟弟的情景。而從弟弟出生的那一天開始，啓太沒有像其他家人那麼開心，他變得不快樂了。

啓太不快樂的原因在於，大家的注意力都不在他身上，而是在新生弟弟的身上，原本啓太可以獨享的愛與關懷，現在卻要分享給新生寶寶。他無法再像以前那樣，想要媽媽抱抱、陪伴，便隨時都能如願，媽媽現在大部分時間都在照顧寶寶。

啓太不僅必須和弟弟分享父母的愛，連自己的玩具也得與弟弟分享，只因爲他被迫當上了哥哥。這讓他傷心的說出他不要當哥哥這樣的話。還好小天空在這個家待得夠久，對家裡瞭若指掌。他翻閱泛黃的家庭相簿給啓太看，原來小天空是爺爺買來送給童年時期的媽媽，變成她心愛的玩偶。在啓太出生後，媽媽不吝惜的把自己的玩偶分享給啓太，啓太變成大家的心肝寶貝，在備受呵護下長大。如今弟弟出生了，也需要大家的愛共同灌溉，才能像啓太一樣順利成長。啓太終於解開心結，將小天空分享給弟弟，雖然結局是啓太再也無法聽見小天空的聲音，但他不認爲自己失去了小天空，他相信小天空的愛與聲音正與弟弟交流著，就像他小時候與小天空的互動一樣。

【貞慧的媽媽心、媽媽經】

好感人的一本關於手足之情的繪本啊！坊間描寫手足的繪本雖然很多，但是這本繪本特別觸動我，溫柔的文字和插畫，完美編織成一個溫暖的故事。小象玩偶小天空這個角色安排得眞好，讓故事主題不僅僅止於手足，也同時包含親子兩代愛的承傳，整個故事內涵因而更形深厚豐富。

如果父母在自己的原生家庭不是獨生子女，而是家中的長子或長女，在成長過程中，一定也曾經歷過繪本裡啓太的心路歷程。回想我的童年，身爲長女的我，在妹妹們相繼到來之後，雖然那時無法清楚用言語表達父母的愛被妹妹分走的失落，不過那悵然若失的感受的確是存在過的。到了自己也成爲一名母親，我記得懷第二胎時，我的女兒曾不只一次跟我說，她不要弟弟。我想她的失落感，跟當初童年時期的我是一樣的。

父母常常不解，爲什麼一個原本善解人意、貼心的孩子，會突然因爲弟弟或妹妹的來到，而變得脾氣彆扭，不願與弟妹分享手中的玩具？這其實是因爲失落的心情所產生的忌妒心理與情緒化行爲，父母如果沒有及時平撫孩子的情緒，就會讓孩子產生「父母偏心」的誤解。有些孩子在長大成人之後，發生家庭糾紛時，還會將這個過往拿出來說，抱怨父母從以前至今都偏愛弟弟妹妹。因此，父母對於孩子的這種失落、不滿的情緒不能放任不管。父母若能多點同理，設身處地想像身爲老大可能會有的心情，並在照顧新生兒之餘，多製造機會與老大相處，那麼，老大的失落感將會減少些，對老二的抗拒心理也較不會那般強烈。

孩子害怕父母會因爲新生成員的來到，而減少給自己的愛，這點父母一定要以實際行動向孩子證明，父母對於家中所有孩子的愛，不會因爲先來後到的順序而有所差異。身爲父母的我們也要隨時檢視自己，是否日常生活中有一些慣性作爲造成小孩認定我們就是較偏愛某個孩子的誤解。

故事裡的啓太一開始感到疑惑：幫忙做家事，還要禮讓弟弟，這樣就是在當哥哥嗎？如果是這樣，那啓太就不要當哥哥，因爲當哥哥顯然沒有得到好處，反而還要和弟弟分享父母的愛。面對這樣的情況，父母眞的不能理所當然的對家中老大說，因爲你是哥哥（姊姊），所以就應該怎樣怎樣！這只會強化孩子的反感，畢竟他也沒有選擇不當老大的機會與權利。父母要嘗試疏導孩子的情緒，並讓孩子明白，弟弟妹妹剛出生，沒有自理能力，需要家人們共同細心呵護照顧，才能像老大一樣順利長大。所以弟弟妹妹要能順利成長，身爲哥哥或姐姐的他們，其實功勞也很大喔！因爲他們也有協助照料弟弟妹妹呀！

父母可以帶著家中老大一起閱讀此繪本，孩子必能感受到父母對自己的愛，絕不會因爲弟弟或妹妹的來到而減少，甚至消失。讓老大知道父母的愛永遠都在，這是父母迎接老二時，必須要做的功課啊！

《小天空》
——家庭情感除了親子之情，別忘了還有手足之情

《小天空》
作者：葛西新平
譯者：林真美
繪者：伊勢英子
遠流出版提供

25《藝術家阿德》——天生我材必有用

【故事介紹】

阿德是一隻天真無邪的小蜘蛛，在爸媽的呵護養育下慢慢長大。有一天阿德的父母認爲，現在是教育阿德蜘蛛謀生技能的時候了，因此他們開始教導阿德如何編織蜘蛛網，誘捕昆蟲當作食物維生。

父母教阿德先吐絲，再將絲編織成傳統的蜘蛛網，父母教阿德的是最簡單，但也最確保能夠捕捉到昆蟲的蜘蛛網。一開始，阿德遵循父母的教法，但是後來阿德異想天開，覺得蜘蛛網不一定要織成傳統的模樣，他開始發揮強大的想像力與創造力，天馬行空的把蜘蛛網織成各種不同造型、不同顏色的蜘蛛網。

阿德不停的創作各種圖案的蜘蛛網，滿足自己的創作欲望，結果卻是捕不到任何一隻昆蟲。其他的蜘蛛和昆蟲都來嘲笑他，說他的蜘蛛網沒有用處，阿德的爸媽也很擔心。阿德不理會他人的訕笑，依舊專心於創作更多特別的蜘蛛網，終於引來欣賞的眼光。許多人讚嘆阿德編織的蜘蛛網具有豐沛的原創性和藝術性，爲大家帶來視覺上的喜悅，天天期待阿德的新作品。

突然有一天，大家看不到新的蜘蛛網造型，連阿德也不見了。大家到處找他，最後發現阿德因爲捕捉不到昆蟲可食，已經餓昏了。後來發生了什麼事，讓阿德可以毫無後顧之憂的再度快樂創作呢？快找繪本來看看吧！

【貞慧的媽媽心、媽媽經】

我相信和我處於同一世代的讀者，不少人都經歷過選塡大學科系時，父母在旁耳提面命的經驗。父母會告訴我們：「要選擇未來可以找到鐵飯碗的科系。」或是：「選這個科系沒出路啦！興趣能當飯吃嗎？」面對這些來自父母的期望與質疑，大家還記得自己是如何應對嗎？以我爲例，我一直對教育工作有憧憬，同時也對歷史有興趣，希望可以選塡師大歷史系就讀。但是父母強烈希望我選擇英文系，我也就順從了父母的建議與安排。老實說，因爲並非完全出自心裡所願，剛開始我對英文教學說不上有沒有興趣，是近年大量接觸英文繪本之後，我才開始眞正打從心底喜歡英文，變得對英文教學越來越懷抱理想與熱情。

如今，我們也成爲父母，面對我們下一代的生涯發展，我們又存有什麼期待？我們是否會複製父母對我們所做的事？

的確，處在這個社會，要找份穩當的工作，圖個生活的溫飽；或是發揮自己天賦，走上一條與眾不同的道路，這是所有世代都要面對的兩難情境。在我們那個世代，有所謂的三百六十行，而且不諱言的，當時的社會眼光賦予了職業的高低分野，某些特定行業成爲大家搶破頭的工作，例如教師、醫師、律師和公職等。那時候的父母也視孩子能夠進入這些職場爲「出人頭地」。

時至今日，社會快速的演變，出現好多我們做爲父母的連聽都沒聽過的新興職業，甚至質疑這些眞的是可以賺錢的工作嗎？如果我們的孩子告訴我們，他們的興趣是選擇在這些我們不熟悉的領域發展，我們該以什麼態度來面對孩子的興趣與志向呢？

首先，我建議做父母的先不要以否定的態度，來看待孩子的興趣，反而是要花些時間去瞭解孩子的興趣究竟是一個什麼樣的領域，再判斷孩子的所謂興趣，是否只是一時的熱度。若發現孩子眞的抱持極大的興趣與熱忱，而且具有這方面的天賦，我們就要思量是否全力支持孩子圓夢，還是與孩子協調出兼顧現實考量與夢想追尋的折衷做法。你是能夠支持孩子走一條不一樣的路，並適度給予他們所需軟硬體資源的父母嗎？我期許自己是。

這本繪本裡描寫的小蜘蛛阿德，他的興趣和才華是藝術領域，在臺灣社會，傳統的父母都會擔心孩子走藝術這條路會挨餓而經常不予以支持。藝術除了純美術之外，還有應用美術，也可以延伸至建築造型設計、室內空間設計、平面美術設計、服裝布料色彩設計……可發展的觸角是很多元的。正如我先前所說，如果父母深入去了解藝術是什麼樣的領域，也許就不會立刻出現反對的聲音。大家可以回想，當初電腦剛引進臺灣時，當時許多父母根本不知道電腦工程師是做什麼的，又怎麼會料想到如今科技工程師是如此熱門的行業呢？

雖然孩子是我們所生，但孩子的人生是屬於他們自己的。孩子的興趣，父母要給予欣賞與認同，在孩子發展興趣的過程，一面支持他們，同時引導他們以務實的態度來探索、精進感興趣的領域，這是父母對孩子的愛與責任。

26《心裡的音符》

——呵護孩子的興趣與天賦

【故事介紹】

一個打從心底喜歡鋼琴也有音樂天分的男孩，背負著父親深深的期許，努力練習下，琴是越彈越好了，但原先熱愛鋼琴的心卻慢慢消退了，最後他選擇闔上琴蓋，自此之後不再接觸鋼琴。

過了好久，父親病了，把在異鄉工作的他喚了回來，父親想聽他彈琴，彈那首男孩尚未正式拜師學藝前自己隨意彈奏的曲子。父親閉上眼，享受著兒子的演奏，而彈著彈著，心裡的音符又重新在男孩體內甦醒，男孩此刻必是百感交集，而在琴聲中，想必他與父親之間的情感糾葛也慢慢化解了……

【貞慧的媽媽心、媽媽經】

當故事裡的爸爸第一次聽到兒子在沒有學過任何課程的情況下，竟可把鋼琴彈得如此美妙時，爸爸感動之餘，決定做一件事，這件事可能是眾多父母都會做的一件事，就是決心好好栽培孩子，讓孩子的天賦得以發揮。爸爸於是請來一位鋼琴老師，負責教導兒子習琴。兒子也很努力，琴藝越來越精湛，但身心卻越來越疲倦，最後他選擇結束這一切，蓋上琴蓋後，不再開啓。

爲人父母的我們，看到孩子在哪一方面稍稍嶄露頭角，或展現出高昂的興致時，我們心裡會這樣想：「會不會孩子的天賦或興趣就在此？是不是要提供孩子更多的軟硬體相關資源與協助，以全力支持孩子發展他的才能、滋養他的興趣？」會有這樣想法的家長，基本上都是非常用心看待孩子教育的家長，我自己也是這樣在做的，當孩子展現出對哪一方面有興趣時，我常是二話不說，便應允他們拜師學藝去。不過，孩子的興趣可能是多變的，就像我女兒有一陣子熱愛學舞，後來學了幾年不學了，最近短暫學習一段時日的烏克麗麗，也說不愛了，現在比較沉迷的事情是寫故事和畫漫畫，也許再過一段時間，她會有「新寵」也說不定。

在孩子展現多元興趣時，我們的確需要提供孩子試探的機會，他們才會知道哪些事物乍看之下好像很好玩、很吸引人，接觸後方知完全不是想像中的那麼一回事。在不斷試探的過程中，孩子會越來越清楚哪些項目可能是他們沒有興趣或沒有足夠能力去發展的，也會慢慢

《心裡的音符》

作者：彼得 ・ 雷諾茲 (Peter H. Reynolds)

譯者：柯倩華

繪者：彼得 ・ 雷諾茲 (Peter H. Reynolds)

維京國際提供

的找到適合自己長久投入的興趣與志向。這條尋找天賦與興趣之路不宜快走，只宜慢行。寬容等待孩子，給孩子一次次試錯的機會，有些孩子可能很快就能找到一生的熱愛與長期的目標，然而有更多的孩子需要花費更多的時間去追尋他的興趣與人生方向，只要我們願意給予孩子全然的相信與全心的愛，孩子終會找到屬於他自己的人生道路。做父母的，請放下擔心，孩子需要我們給出的絕對不是無止盡的擔憂，而是無限的祝福。

而這個故事提醒了我們，在陪伴孩子追尋天賦與興趣的路上，當孩子的某一天賦或興趣稍稍冒出新芽，我們守護這片新芽，期待它長成大樹的過程裡，我們可能要小心是否一切操之過急，或是給孩子過大的壓力，導致這片新芽來不及長大便枯萎死去。我們可能要時常反思：「我這樣做到底是在呵護還是在扼殺孩子的天賦與興趣？我做的事到底對孩子是不是眞正的好？如果孩子因爲我們的栽培，眞的在某領域大鳴大放、成就非凡，但他其實內心是空虛、不快樂的，這樣好嗎？這樣有意義嗎？」或是如果我們的孩子像故事中的男孩那樣，原本對鋼琴有著天生的喜歡，卻因爲後來背負著父親的殷殷期盼，越彈越疲倦了，最後壓根兒不願意再彈，這不就是對孩子興趣的一種殘害與扼殺嗎？我想這絕對不是我們爲人父母者所樂見的！

這個故事給我的啓發是，呵護、開發孩子的天賦與興趣是做父母的職責，但給孩子過多過大的期待與壓力極可能產生反效果，孩子會反彈、會有抗拒與怨念，這會把孩子推離他的興趣與天賦越來越遠，也會造成親子之間的衝突與心結。讓我們放下執念吧，讓孩子自己去掌握他的人生方向，孩子的興趣與天賦我們負責呵護就好。不過到底是「呵護」還是「扼殺」，可能就在一線之間，做得太多、要求太多可能就會從「呵護」變成是「扼殺」了！看到這裡，是不是覺得當爸媽還眞是不容易啊，的確是呢！我們都在其中不斷的調整、學習，讓我們相互勉勵，只要有心，我們一定可以成爲孩子的支持者，做孩子堅強的後盾與依靠。

27《一粒種籽》
——當孩子和別人不同，就讓他成為與眾不同的自己吧！

【故事介紹】

春天來臨了！大自然生機盎然，所有種籽都蓄勢待發的準備抽出小芽，然後隨著時間的腳步，慢慢長成幼苗和各種植物。然而，有一顆小種籽，滿心期待春天的到來，因爲他看到童年玩伴都長成綠苗，還變成一朵朵美麗的花，卻只有他連一點點發芽的跡象都沒有。

小種籽心急了，他用盡所有的方法，例如大口喝雨水；晒太陽做日光浴；咬著牙勤運動；他甚至還去看醫生。醫生對小種籽說，他只是長得比較慢，沒有問題的。小種籽還是感到擔心，甚至開始對自己存疑，覺得自己會長不大，因而躲在家裡傷心大哭。

有好一段時間都不見小種籽的蹤影，朋友們都相當擔心。有一天，當小種籽再度現身時，他竟搖身一變，長成一顆大種籽，讓其他的幼苗和花朵都驚呼連連，喜出望外。小種籽自己也十分開心，因爲他終於也長大了！

【貞慧的媽媽心、媽媽經】

記得身受跨世代歡迎的人氣天團「五月天」有一首歌這樣唱著：「當我和世界不一樣，那就讓我不一樣……」。早期社會因爲集體意識高，對於周遭與自己明顯不相同的人們，容忍度較低，出現了排斥和歧視的霸凌現象，許多令人遺憾的悲劇於焉產生。

我想，所謂的「不一樣」，都是經過比較之下而形成的概念，當人們覺得某些人跟自己所認知的普世價值不同時，這些人就被社會貼上「異類」的標籤。最常見到的例子就是，把成長較爲遲緩的孩子，視爲智能較低的族群；或是將自閉症者看待爲「不正常」。我覺得這想法並不恰當，需予以導正。

我相信每個孩子的成長，各有各自的進程，每個孩子也終將長成不同的模樣。身爲父母的我們，如果發現自己的孩子與其他大部分的孩子「不一樣」時，請寬容等待他們的成長，請付出耐心陪伴他們，最重要的是，父母不要對孩子失去信心。如果我們能對孩子抱持信心，孩子就比較不會因成長腳步比其他大部分的孩子緩慢些，而對自己產生「我就是魯蛇」這種自我否定的負面觀感。

世界上有許多著名人物，曾經都被世人視爲不正常，最有名的例子就是美國的金·彼特（Kim Peek）。他患有自閉症，生活要靠父親打點，但他記得住七千六百本書的所有內容，這種過目不忘的超能力，給了一九八八年的電影《雨人》（Rain Man）帶來編劇的靈感，電影裡的主角雷蒙就是演出金·彼特的眞實故事。現在彼特先生已不再自閉，走遍美國各地，鼓勵他人。他還有一項超能力，就是給他某人的生日，他可以告訴你，此人幾歲的生日會落在星期幾。另外，美國公路之多，一般人很難記得住，他則全部都知道，可以告訴你每條公路之名稱、代號，以及通往哪裡。另一位著名的人物是一九九四年諾貝爾經濟獎得主約翰·那許（John Nash），他亦患有自閉症，但他卻是位數學天才，曾經獲得奧斯卡金像獎的影片《美麗境界》（A Beautiful Mind）就是演他的故事。當孩子被社會視爲「特殊」時，身爲父母的我們，心要夠堅定，不要輕易被一些刻板僵化的社會標籤牽絆住。在細心照護、教養孩子的過程，我們一定會發現孩子「與眾不同」的亮點與長處。

《一粒種籽》
作者：劉旭恭
譯者：郭郁君
繪者：劉旭恭
玉山社提供

28《胖石頭》——無關主角、配角，每個人都是要角

【故事介紹】

小豬仔要上臺表演囉，他很興奮的邀請全家人一起來看他們班上表演的「白雪公主」。豬媽咪、豬爸爸、豬爺爺和豬奶奶都很好奇小豬仔飾演什麼角色呢？是王子？白雪公主？還是小矮人？小豬仔賣關子對大家說：「老師說，你們來看就知道了！」

表演的那天，全家人坐在臺下，殷殷期待小豬仔登場。奇怪？小豬仔到底扮演什麼角色？怎麼從頭到尾不見蹤影？原來，小豬仔扮演的是大樹旁邊的那顆胖石頭，呵呵，那顆胖石頭很可愛，會小小亂動一下下。

豬爸爸笑說，演石頭很好呀，不用背臺詞。豬奶奶也跟著笑了，說：「有其父必有其子，你們都一樣啦！只會當配角。」豬媽咪則對豬奶奶說：「配角也很重要哇！」

小豬仔的感想又是如何呢？他很開心呵！因爲老師稱讚他演得很好很可愛，他開心的領

獎品去了。

【貞慧的媽媽心、媽媽經】

身爲父母的我們，總是盼望自己的孩子是團體中的佼佼者，是團體裡那顆閃耀著金色光芒的星星。我們希望孩子出類拔萃，希望孩子是舞臺上最受矚目的焦點。但一齣戲不可能每個人都當主角，總有人是主角，有人是配角，也有人是幕後工作人員。正因大家各司其職，恰如其分的扮演好自己的角色，一場演出方能圓滿成功。倘若每個人都搶著當主角，沒有人想當襯托紅花的綠葉，也沒有人願意退居臺下擔任工作人員，一齣戲如何成就？怕是等不到上演的那一刻，整個團隊就先行解體了！

父母有「望子成龍，望女成鳳」的殷切期盼很正常。說件自己的糗事。我在兒子中班時，也曾期盼過兒子可以在歡送大班生的畢業典禮會場上擔任「在校生致詞」的工作。那時我向老師表達了我的心願與期待，老師人很好，怕我失望，果眞選了我兒上臺致詞。當兒子站上舞臺中央，對著麥克風，大聲說出之前早已背得滾瓜爛熟的英文臺詞時，我有身爲母親的驕傲與光榮，哈哈，說穿了，其實就是虛榮心作祟啦！

後來我的兩個孩子先後上了小學，我不是那種緊盯孩子功課或一天到晚逼迫孩子寫評量的媽媽，孩子的學業成績大多維持中等，並不特別優異，也不至於一塌糊塗。雖然孩子的學科表現並未名列前茅，但我心裡有一份篤定，也願意相信，每個孩子各有長處，各有天賦，不是每個孩子都擅長念書、考試，但一定都有他可以發揮所長的地方，就像女兒擅長美術和語文，兒子則在運動、舞蹈、歌唱上流露自信。只要肯在自己熱愛的事物上投入心力，認眞學習，精進再精進，一步步朝達人或專家之路邁進，行行皆可出狀元，沒有非成爲醫師、法官、律師或教授等社會認定的菁英份子不可的道理。社會需要各種人才，職業不分貴賤，只要用心在自己的工作崗位上盡心奉獻，不管從事何種行業，都値得喝采，都令人尊敬。

我不只一次對我的孩子說過：「媽媽沒有要求你們考試要拿滿分或排名要在全班前幾名，但你們各科的表現要有一定的水準，至少中上，不可程度低落到難以補救，該有的基本學力還是必須具備。雖然讀書不是生命中的唯一，但在臺灣現有的教育體制下，一定水準的成績表現可以讓你們有多元選擇升學與就業的機會，這是很現實的狀況，我們必須面對。在求學階段，盡好學生本分認眞學習，但若眞的努力過了，成績還是難以提升，媽媽絕對不會怪罪，相反的，我會因爲你們良好的學習態度而深感欣慰與光榮。而在你們未來選擇科系與工作時，媽媽不會因爲自己是老師，便希望你們也將從事教職做爲工作的第一優先選擇，也不會因爲哪一個工作『錢多，事少，離家近』，就鼓吹你們去追求。媽媽要你們用心去追尋你們人生的熱愛，去做值得你們投注時間與心血的工作，不管這份工作在一般人眼中如何被看待，只要你們抱持敬業的態度，把這份工作當作是自我精進、與人結善緣、爲社會注入美好能量的管道，媽媽都會全力支持你們，並大大的以你們爲榮。」

也希望我們的社會可以慢慢翻轉「學歷至上」、「分數至上」的偏頗價值觀，讓不是那麼會念書的孩子也可以雄糾糾、氣昂昂的跨出穩健的步伐，去探尋屬於他們的美好人生。讓我們先調整自己的心態，然後再堅定的告訴我們的孩子：「只要不做壞事、不犯法、對得起自己良心，世上每一個行業皆無高下、卑賤之分。無論選擇什麼工作，只要用心去做，讓自己發光發熱，讓社會美善，便無主角、配角的差別，每個人都是『要角』，社會缺你不可。」

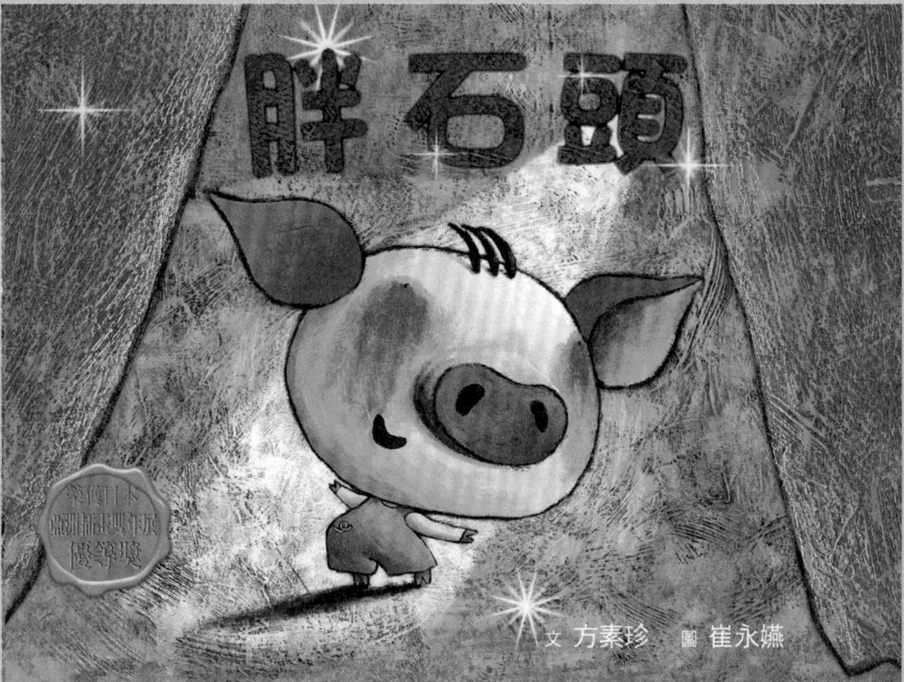

《胖石頭》
作者：方素珍
繪者：崔永嬿
國語日報出版社提供

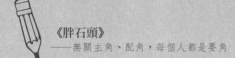

29《照顧我好嗎？》

——以童心陪伴孩子探索世界

【故事介紹】

阿利是個快樂的小男孩，他是在爸媽細心照顧、呵護下長大的，所以他覺得別人也都理所當然的要像父母親那樣照料他、愛護他。

有一天，阿利自己跑到外頭玩耍，在公園遇見一位年輕男子史先生，悠閒的躺在搖床裡看書。史先生顯然沒有與小孩相處過，不知如何照顧小孩，阿利問史先生要不要嘗試照顧他，史先生也躍躍欲試。

首先，阿利要史先生餵他吃東西，並陪伴他閱讀。史先生照辦，拿來餅乾與書本，卻發現阿利不見了，原來他躲到蘋果樹上。史先生果然沒有照顧過小孩，竟對爬到蘋果樹的阿利，發出「好棒」的稱讚，結果被阿利糾正說，應該要說太危險、不要爬樹之類的話，此外，還要爬上去把阿利帶下來。

接著史先生向阿利提議玩遊戲，例如玩印地安人射弓箭、生營火、尋寶遊戲、游泳等，但都被阿利一一推翻，以大人曾經對他說過的理由來反駁，例如太危險、不健康、會溺水等，甚至連坐著什麼都不做，也被阿利說：「會晒黑。」

突然，史先生出奇不意的建議來玩手推車，他把阿利放進手推車後，便快速的向前奔跑。他們超越腳踏車、卡車、汽車、飛機，後來速度甚至比火箭還要快。兩人跑進了太空，揮別了太陽、月亮、宇宙……。從來不曾經歷這麼瘋狂舉動的阿利，剛開始一直喊著沒戴安全帽、太危險，最後自己竟也開懷享受其中的刺激與樂趣。你猜，有過如是跳脫常軌體驗的阿利，隔天會期待與史先生安靜的吃東西、看書？還是期待繼續從事瘋狂的另類冒險呢？

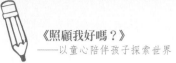

【貞慧的媽媽心、媽媽經】

在讀這本繪本時，爸爸媽媽可以回想一下，在孩子成長過程中，我們是否曾有機會與孩子一起從事繪本裡提及的那些瘋狂事？恐怕絕大多數的爸爸媽媽都沒有這樣的經驗吧？

的確，從孩子出生的那一刻起，爸爸媽媽念茲在茲的，無非就是希望孩子「平安健康」，不少父母採取過度保護的教養態度，所有會與危險扯上關係的事物，父母皆急忙幫孩子過濾。避免都來不及了，怎麼可能還會領頭帶著孩子往具有潛在危險的方向去？如此爲孩子的安全與健康設想，乃天下父母心，絕對不能說有什麼不對之處。

我想，基於孩子身體健康考量，大人在飲食內容上會給予孩子一些限制；而爲了培養出有禮貌、遵守社會紀律的孩子，因此在生活常規上，對孩子有所要求，這些皆無可厚非。然而，父母除了供給孩子基本生活起居所需的物質資源，並在與孩子的共同生活中，扮演指導者與規範者的角色之外，爸爸媽媽不妨偶爾放下長者的矜持與身段，把我們內心的頑童、小精靈釋放出來，暫時當個野孩子，和小孩一同瘋狂，讓想像力奔馳，讓生活增添一些自由、創意與奔放，讓孩子有機會帶領我們領略「二度童年」的美好。

也許有的父母會覺得，繪本裡的史先生可以跟阿利這麼瘋狂的玩耍，是因爲他不是阿利的親生父親，不能體會父母對於孩子的安危是如何的憂心忡忡。我認爲教導孩子懷有安全意識有其必要，但無須矯枉過正。若從事每件事情都只想到「可能」有危險，那麼恐怕孩子會有好多事不能做或不敢做，這樣孩子將錯失體驗諸多美好事物的機會，且對生命的熱情也會隨之大幅萎縮，豈不可惜？

其實每個大人的內心裡，都住著一個小孩，擁有和孩子一樣的純眞童心。身爲父母的我

《照顧我好嗎？》
作者：**羅倫斯 · 保利** (Lorenz Pauli)
譯者：劉孟穎
繪者：**米莉亞 · 潔德莉伍絲** (Miriam Zedelius)
韋伯文化提供

們，不必總是活在社會的標準裡，拋不開父母的責任清單，且隨時端著身為長者的姿態，永遠與孩子形成上對下的關係互動，如此不一定能夠贏得孩子對父母真正的愛與尊敬。爸爸媽媽有時候也可以試著扮演大孩子，在容許的情況下和孩子一起嬉鬧，像我曾帶我的兩個孩子在下雨天到公園淋雨、踩水窪，三人全身溼答答，至今我的孩子仍津津樂道此事呢！我兒目前已來到國小高年級階段，但他還是很喜歡在下雨天穿著雨衣，享受雨打在身上的清涼暢快！父母偶爾解禁，領孩子做些小瘋、小狂的事，孩子將從中培養出對生活情趣的敏銳度，相信他往後的生命會活得更有滋有味。

倘若父母能夠把自己放在和孩子一樣的高度與心境去奔跑、嬉戲、探索環境與感受生活，一定會更加拉近親子之間的距離，親子厚實的情感基礎便是從和孩子日常點點滴滴歡喜相處中慢慢建立、穩固起來的。

30《小小的大冒險》

——正在向外探索的孩子需要大人的陪伴與支持

【故事介紹】

故事裡的小女孩，名叫「小小」，小小和阿嬤兩人在家，阿嬤老了，坐在椅子上打盹，沒有氣力陪小小到外面玩，於是，小小自己出門，展開了一段冒險旅程。從這裡開始，故事便進入小小的奇幻世界。小小以她小小的腦袋和小小的身軀，看到的世界會跟大人有什麼不一樣呢？貓咪變成了黃虎怪，公車變成了大鐵龍，警察伯伯變成了妖怪，這其中當然有著孩童豐富的想像，而這想像的背後，是不是亦藏著孩童對這個偌大、未知世界的不安與恐懼？小小最後有沒有平安返家呢？讓我們一起進入這個寫實與奇幻交錯而成的故事中，感受小小出外冒險的心理歷程吧！

【貞慧的媽媽心、媽媽經】

看過周見信先生之前的繪本作品《小朱鸝》、《尋貓啓事》和《小松鼠與老榕樹》之後，我對他的作品留下極爲深刻的印象，覺得這位創作者每一次的產出都有一定的質感與水準，且畫風多變，很難從他的幾本作品裡尋得相似的畫面呈現方式，著實令人讚嘆與喜愛。這本新作《小小的大冒險》又給了我耳目一新的感受，飽滿鮮麗的用色十分吸睛，故事情節揉合了寫實與想像，非常好看。故事好看在哪裡呢？好看在作者以孩童的眼光觀看周遭人事物，孩童閱讀此書時，必感到他們的內心世界被這個好大人給深深理解了。

我這大人啊，閱讀這個故事時，心裡沉睡著的小孩也被喚醒，我憶起小時候對大人世界亦懷有諸多莫名的懼怕，小小的心靈便藏著許多大人不知道的擔憂，總是怯懦懦的不敢向外探索。那懼怕和擔憂或許是來自於對大人世界的陌生與不理解，雖然我也會告訴媽媽我心裡的憂懼，但當時媽媽忙於家計與照顧生病的祖母，沒有多餘的力氣了解我內心的不安來自何處，如果那時就有像《小小的大冒險》這樣一個故事撫慰我，讓我知道有大人是了解我的、是跟我同一國的，我的童年可能得以拿掉許多的不安全感，更放心且更勇敢的迎向這個世界。

不過，生命中曾經走過的每一步路、曾經親嘗的感受與滋味，都是有其存在的意義的。因爲自己小時候面對大人世界的那種忐忑不安的情緒太過巨大，所以即便我已來到中年，與孩童時期相隔有些遙遠了，我卻仍深深記得，當初小小的我心中是懷抱著什麼樣無法排解的

《小小的大冒險》
作者：周見信
繪者：周見信
步步文化提供

煩惱與恐懼，就算嘗試把心事說出來，大人也無法理解我、撫慰我，只會笑著說：「傻孩子，有什麼好怕、好煩惱的，不要自尋苦惱，當小孩最幸福了，無憂無慮的，大人要擔心煩憂的事才眞叫多呢！」

正因爲小小的自己曾努力掙扎著面對外在世界陌生、未知、混沌的那種心情，到現在還記憶猶新，當我成爲一個母親後，我時時不忘提醒自己：該給孩子的安全教育不能少，孩子需要有危機意識以保護自己的人身安全。但也不要過度擔憂，讓孩子誤將這世界當成是巨大無比、會將其呑噬的兇猛野獸。在孩子帶著好奇心與新鮮感往外探求與發展時，也許外面的環境不夠親切友善，但我可以做的是，記得自己也曾經是個小孩，蹲下身來，試著以孩子的高度來想像這個世界在孩子的眼裡、心裡看起來會是什麼模樣？並在孩子需要時，給出溫暖的陪伴、同理與支持，讓孩子知道即便他們可能會遇見一些粗心無禮的大人不知如何善待小孩，他們也無須因此退縮膽怯，儘管拿出信心與勇氣往前跨出步伐，盡情去探索這世間的未知、多元與精彩，因爲有一個了解他們的大人願意站在他們這一邊，守護他們，祝福他們，爲他們加油。

31《去冒險》——再如何不捨，父母也一定要協助孩子獨立

【故事介紹】

小男孩興高采烈的嚷嚷著要外出去冒險，媽媽乍聽之下，直覺的反應當然是不放心，怎麼可以沒有萬全準備，就說要去冒險呢？媽媽爲小男孩蒐羅各種她認爲冒險需要帶的東西，包括筷子、牙刷、雨傘、鉛筆、書包……等等，小男孩看得目瞪口呆，他不明白，去冒險帶這麼多東西要做什麼。

從媽媽的角度，這些東西都有用處。例如遇到大老鷹，可以拿筷子幫忙大老鷹餵食小老鷹；遇到劍齒虎，可以拿牙刷幫老虎刷牙。如果冒險途中想念媽媽，還可以提筆寫信給媽媽……。這位媽媽的想像力，眞是豐富呢！

然而，小男孩想像得到，要是眞的將媽媽提議的全部物品都帶上旅途，肩上的負擔將無比沉重。媽媽天眞的回答男孩，搞不好男孩會遇到阿拉丁神燈，幫他解決行李笨重的問題。男孩不服氣的回答，東西沒帶齊也沒關係啊！累了可以將大樹當作床；身體髒了就跳進湖中

洗澡；遇到怪獸就對牠友善的笑一笑；寂寞時就和萬物交朋友；冒險回來後會給媽媽一個大擁抱。這下子，男孩的想像力比媽媽更天馬行空了。

後來媽媽放心讓小男孩去冒險了嗎？小男孩的探險之旅有沒有成功呢？溫馨的結局，讓親子看了都將會心一笑喲！

【貞慧的媽媽心、媽媽經】

讀著繪本裡逗趣且溫馨的內容，感受到這對母子充滿想像力的對話，讓人不禁嘴角上揚！

提到出門遠遊，大人與小孩最明顯的差異就是，大人行前多掛心、擔憂許多細節，準備齊全的行李，重得像是在搬家；而小孩子則是說冒險就出發去冒險，只帶著一顆好奇探索的心，沒有太多的顧慮。這讓我想起我的兒子，每次全家出遊，我兒子的行李總是我們家中最少的那一個，他只要手裡帶著一項他喜歡的玩具就足夠，讓我這個東操心、西掛念的媽媽，眞是羨慕不已。其實，孩子這樣的心態，値得大人學習，即使萬事都齊備，卻少了一顆探索世界的心，這樣出門恐怕無法盡興，最後只換得滿身疲憊返家吧！

《去冒險》
作者：哲也
譯者：游蕾蕾
繪者：陳美燕
小魯文化提供

「冒險」對孩子有強烈的吸引力，那是年輕生命對陌生世界的好奇與探索，是人類求生的基本動能。生物界有不少種類的動物，父母親在小孩成長到一定的階段，就會將幼子們推向陌生的環境，目的就是訓練其獨立求生的技能。

在亞洲傳統社會，父母對於孩子獨立、外出冒險，在觀念與心態上，是矛盾且糾結的，他們一方面希望孩子能夠順利獨立；但不捨和擔憂的心情又讓父母忍不住想插手，有時難免引發父母與孩子之間的緊張與對立。對於孩子的冒險與獨立，父母到底該介入多深，實在非常難以拿捏。我覺得父母其實可以從旁觀察，當孩子有需要，開口向父母尋求協助時，再給予建設性的提點，這樣孩子才能享受摸索新世界的樂趣，同時減輕父母對於孩子在外冒險的掛心。

孩子在成長的過程，也會產生對自我獨立的渴盼，但是絕對斷絕不了與原生家庭的連結。這個故事的尾聲，孩子到外頭冒險沒多久，便回到家裡來，顯示孩子對於獨立單飛，其實還沒有做好準備。這時，家庭所扮演的提供孩子安全感的功能，便有著無可取代的重要價值。而家庭中包含安全、安定、溫暖、信賴等核心元素，則是父母責無旁貸需爲孩子創造出來的。

32《不要放手喔！》

——父母要學習適時放手，也要學習捨得

【故事介紹】

少女蘇菲在電話這一頭，對著電話那一頭的爸爸說，希望爸爸能來教她騎腳踏車，因爲媽媽正在廚房裡忙碌，抽不出時間教她騎腳踏車。原來蘇菲的父母離異，她是在單親家庭成長的女孩。雖然如此，她的父母並沒有減低對蘇菲的愛，媽媽忙的是爲她縫製布娃娃，爸爸聽到蘇菲的請求，也立刻驅車前來，陪伴蘇菲學騎腳踏車。

蘇菲嚮往和其他人一樣，在住家附近的山坡公園自由自在的騎著腳踏車，享受清風拂過臉龐，奮力騎到山頂的成就感，並欣賞山腳下的風景。她也曾自己嘗試練騎，然而不是摔跤擦破皮，就是擔心馬路汽車太多，讓她緊張不已。她強烈想學騎單車的原因是，她學會騎腳踏車之後，就可以自己騎車去找爸爸。爸爸聽到女兒這樣說，感動得立刻前來教女兒騎腳踏車。

然而，蘇菲還沒準備好，爸爸也看得出蘇菲的緊張與缺乏信心。爸爸溫柔的鼓勵女兒，

他願意和女兒一起等，等她準備好的時候再學騎腳踏車，並不斷的向蘇菲保證，在她說可以放手之前，爸爸不會放開手。

蘇菲終於學會騎腳踏車了，開心的對爸爸說：「你可以放手了。」她越騎越遠，把爸爸遠遠拋在後頭。爸爸的心情好複雜，他為女兒學會騎車而高興，也為女兒獨立之後，也許不會再回到爸爸身邊而流淚。當下爸爸才知道，學會放手是一件多麼不容易的事。

故事最後，懂事的蘇菲對爸爸說了什麼貼心的話呢？非常推薦大小讀者閱讀這個暖心的故事，一同加入感動的行列！

【貞慧的媽媽心、媽媽經】

相信看過這本繪本的爸爸媽媽，一定和我一樣，完全能理解故事中那位爸爸對於子女獨立單飛這件事，內心有多麼的糾結吧！

從孩子出生之後，身為父母的我們都對孩子的未來充滿了憧憬與期待，盼孩子將來能夠順利獨立，展開屬於自己光亮璀璨的人生。然而隨著孩子的成長，經過每天的朝夕相處，父母對於子女的情感依賴卻越來越深，對於孩子的獨立單飛，產生既期待又怕受傷害的矛盾情結。

有別於其他總是將家庭描繪成有父親、母親、一個兒子與一個女兒的樣板家庭的繪本，這位作者安排故事主人翁是在父母離異分居的單親家庭下長大的女孩。在社會多元化發展之下，單親家庭的存在已經是普遍的情形，作者希望傳達，不論父母是因爲什麼理由分開，他們對子女的愛，與同在一個屋簷下的父母，是一樣豐富深厚的。

作者以教導孩子學騎腳踏車的故事，隱喻父母教育孩子學習獨立自主。作者傳達，父母放手的時機非常重要。獨立自主並非一蹴可幾，踏出的第一步至爲關鍵，當孩子尚未準備好，心理有障礙，父母必須要培養耐心，就像繪本裡的爸爸等待蘇菲準備好。父母在等孩子準備好的過程，也要適時給孩子打氣、鼓勵，增加他們迎向各種挑戰的勇氣。

孩子長大成人，我們做父母的也逐漸年老體弱，不能永遠呵護著孩子，我們有一天終將離去，父母需要做的，是培養孩子面對各種困境都能存活下去的能力與韌性，這是身爲父母的你我肩負的責任。

我承認，我也像繪本裡的爸爸一樣，不捨孩子會離我而去，如果他們獨立單飛到他鄉求學或工作，越來越少回來看我，我應該也會很難過、很難適應。但是，做父母的也要明白，孩子不管是成家立業，還是發展個人生涯，總有一天會離開父母。父母面對子女的離巢，應該如何調適不捨的心情，這是屬於父母的一項生命課題。孩子不應該是父母全部的生活內容，如果太過於以孩子為生活重心，無形中會對孩子有著過度的情感依戀，在孩子獨立之後，父母將因此產生很大的失落感，這對孩子也會造成難以負荷的心理負擔。我建議，除了親職之外，身為父母者一定要發展自己的興趣，妥善安排時間，讓孩子不在身邊的日子依舊過得踏實、自在、精彩。目前社會上有不少專為處於空巢期的父母設計的課程與活動，一方面可以讓父母永續學習；另一方面也可以活化父母的社交生活和人際關係，這些社會資源都可以善加運用喔！

親子關係是一輩子的，孩子幼時對父母的依賴，對父母來說是甜蜜的負擔，我們享受孩子依偎在我們身旁、把我們視為生命中最最重要的依附對象；然而在孩子長大成人之後，我們與孩子的互動關係就必須有所調整、改變，若能以成熟的心態與成年孩子相處，而非以「親情」和「孝順」之名來為難子女、向子女不斷進行情感勒索，這樣成年後的親子關係將更加和諧圓滿，父母與子女雙方也都將從這美好的親子連結中得到滋養心靈的正向能量。

33《石頭媽媽》——愛要及時，更要即時

【故事介紹】

在偏遠山中的一個部落，有一戶有著四個男孩的人家，他們一出生就沒有父母，成長過程一直都是自食其力，漸漸培養出各種謀生的技能。在相互協助、彼此扶持下，他們還是順利長成健壯的青年，生活也過得怡然自得。

然而，有時候他們還是會感到生命裡有所缺憾，那就是沒有父母的照顧與陪伴。於是，男孩們決定去探訪女巫，央求女巫送給他們一個媽媽。女巫問他們：母親會管教他們，有時還會責罵他們，這樣他們願意嗎？男孩們非常確定有個媽媽就是他們心中強烈企盼的，他們後來依照女巫的指示，如願獲得一個媽媽，是他們從河裡收集來的石頭化身成的媽媽。

自從有了媽媽，男孩們感受到來自母親的愛與擁抱，生活變得開心、滿足。怎奈在十年後，男孩們成爲男人，四個人同時愛上村裡的一位女孩，還爲此大打出手。母親不忍見兄弟們爭吵，決定跑去向女孩問個明白。可是女孩自己有喜歡的人，母親回去據實以告，卻得不

到兒子們的信任，反而還說母親是怕兒子被搶走，才故意說女孩心裡已有其他心上人，甚至怒罵母親是石頭媽媽。母親失望、傷心的離開家裡。當男孩們終於明白自己錯怪媽媽之後，開始四處尋找母親，卻遍尋不著，詢問女巫母親的下落，才得知自己犯下的錯誤，讓母親無法再回來，男孩們只能空留遺憾。

【貞慧的媽媽心、媽媽經】

這是個帶有傳說色彩的寓言故事，看完這樣以悲劇收尾的繪本，我不禁潸然淚下，為故事中的男孩們永遠失去母親而哭泣；也為男孩誤解母親，對母親極盡惡言對待而難過不已。

有一句俗話說：「子欲養而親不待」，許多子女總以為來日方長，把父母付出的愛視為理所當然，不懂得珍惜父母，忘記自己在成長的同時，父母也在衰弱老去，非得要等到失去父母，才懊悔錯失了與父母的緣分。愛意的傳達真的要及時，也要即時。所有子女想對父母說的話、想做的事，都要盡早付諸行動，以免造成來不及彌補的遺憾。

以我為例，從小時候懂事開始，我與父親的關係比起與母親的關係來得疏離許多，一方面是因為父親總是比較嚴肅，讓當時年紀小的我，感到害怕且難以接近。自從當了母親之後，

《石頭媽媽》
作者：蔡淑媖
繪者：曹俊彥
小魯文化提供

我深深體會到父母對我無怨尤照顧與付出的情意，近年來我開始嘗試一些做法，希望拉近與父親多年來形成的疏離親子關係，例如每逢年節、生日和父親節，我會趁著與父母團聚的機會，上前給父親一個大大的擁抱。當然一開始，雙方都會覺得有些尷尬，但是看到父親臉上掛滿笑容，我知道他打從心底感到開心且珍惜這個擁抱，我和父親的距離就在這樣一次次的擁抱和交談中逐漸拉近。去年我過四十六歲生日時，我對我的父母親說：「爸媽，今天是我生日，我忘記一件重要的事了。」母親和我很有默契，她馬上接著說：「要抱抱嗎？」我說：「對呀！」然後我分別抱了母親和父親一下，並對他們說：「謝謝你們把我生下來，讓我可以實現我的夢想。」能及時對父母表達謝意與愛意，能抱父母親越抱越自然，眞的好令人歡喜！

身爲父母的我們，也有自己的父母，我們處於現代社會所謂的「三明治世代」，我認爲，當我們把孩子看成自己生命的重心，愛孩子的同時，也別忘了對生養我們的父母表達愛與感謝，這是很重要很重要、不做會後悔的事情。

此外，這個故事隱藏著一個重要訊息：當人們失去身邊非常重要的人之後，我們應該如何面對「失去」和處理這個「失落」的情緒。男孩們因爲爭吵、誤解母親而永遠失去了母親，除了對自己當初的不珍惜感到哀痛、後悔不已，這樣的失去，對於男孩們未來的人生，能否產生更具建設性的啓發？我認爲是有的，男孩們未來會各自成家，有自己的伴侶、小孩與親人，他們知道這樣的親緣得來不易，更有可能隨時消失，因此我相信他們未來會變得更爲惜緣、惜福，謹記凡事盡力以討論協調替代爭吵，並且以行動力表達自己對家人的愛，將從母親那裡學到的愛人美德與能力，代代傳承下去。

生命是不間斷的循環，我希望這個生命循環是良善的、積極的而且不留遺憾的。

34《永遠愛你》

——將父母無怨無悔的愛傳承下去

【故事介紹】

兔寶寶打從襁褓開始，便備受兔子媽媽全心的呵護。在寧靜深夜裡，兔子媽媽將兔寶寶摟在懷中，輕輕的搖著，同時哼唱搖籃曲，哄兔寶寶入睡。隨著兔寶寶一天天長大，開始經歷生命不同的階段：活動力變得旺盛，他在屋內亂跑，把東西弄得一團糟；變得挑食，又不愛洗澡，讓兔媽媽氣得受不了；而後進入青春叛逆期，兔寶寶的穿著打扮與交友情況都讓兔媽媽驚訝，以及免不了的提心吊膽；即使兔寶寶後來成家立業，擁有自己的生活，兔媽媽依舊會去探望已成年的兔寶寶，看著他熟睡的臉龐，將他摟在懷裡。兔媽媽對兔寶寶的愛，未曾因時空的變遷而產生絲毫的改變。

兔媽媽終究年紀大了，身體虛弱多病，她盼望孩子能夠回來看看她。兒子回去看她時，兔媽媽一如初衷，慈祥的對孩子說：「我永遠愛你，我永遠愛你！」這次，成年的兔兒子反過來將兔媽媽擁入懷裡，輕聲的唱著：「我永遠愛您，您是我永遠的好媽媽！」

兔媽媽的愛感染了兔寶寶，已經當爸爸的兔寶寶，回到家後，也開始學習母親一直對他所做的，將沉睡的小女兒抱在懷裡，輕聲唱著：「我永遠愛你，我永遠愛你，在爸爸的心裡，你是我永遠的寶貝。」

【貞慧的媽媽心、媽媽經】

母愛一直是繪本中雋永的題材，內容讓讀者感受到母親對孩子滿滿的愛。這本繪本描寫母親對孩子源源不絕的愛，就算孩子做了各種讓媽媽生氣或傷心的事情，當媽媽的也不會因此就不愛孩子的。

對我來說，親子之間沒有隔夜仇，經常我也會因爲自己的孩子做出令我生氣的舉動，或者孩子與我之間有爭執而不愉快，但是經過一夜的睡眠，隔天還是會一如往常的與孩子互動。父母親愛孩子無須任何理由，我們是愛孩子原本的樣子，而不是因爲孩子做了什麼事情，讓我們感到開心，或是滿足了我們的虛榮心，我們才去愛他們。做父母的，應該要將親子間的連結，回歸到愛的純粹本質。

我記得我的兒子在學會走路之後，就變得非常好動，整天在屋內爬上爬下，探索著周遭的環境，滿足他的好奇。身爲母親的我，必須一直緊跟在後頭，一方面怕他受傷，一方面要收拾被他弄亂的東西。一整天下來，我實在疲憊不已，但每當夜晚，看到他在床上睡得香甜的模樣，我便感到心滿意足，當下就會覺得所有的疲累都微不足道了，因爲他是我深愛的孩子，一如這繪本裡所描述的，孩子永遠是我的心頭肉，那血濃於水的情感，是再怎麼樣也稀釋不掉的啊！

如今，我的兩個孩子開始邁入青春期，我可以想像，我們親子之間未來可能發生的生活摩擦與想法上的碰撞。也許我會看不慣他們的穿著，也許我會擔心他們的交友狀況，但是我深信，我會像繪本的情節那樣，在孩子成長的每個階段陪伴他們，永遠愛著他們，希望我的愛可以成爲他們心靈堅強的後盾，讓他們得著溫暖的支撐與依靠。

然而，或許有人看了這繪本，會認爲這樣無條件盲目的對孩子付出愛，會造就出一個屁孩；甚至變成媽寶，我的看法正好相反，這繪本裡描述的母愛，並非是不分青紅皀白的一味寵溺，給予孩子豐盈的愛，不等於不需要教育孩子，這兩者並不互相衝突。

這本繪本令我非常感動的地方是，長大成人的兔寶寶，變成一位懂得回報的大人，不僅換成他來擁抱年邁的母親；成家立業、有了自己的孩子後，他也複製母親愛他的方式，在深夜裡，擁抱自己沉睡中的孩子，並輕聲哼唱著：「我永遠愛你，你是我永遠的寶貝！」看到這裡，我不禁紅了眼眶。養兒方知父母恩，我們總是在有了自己的骨肉後，方能體會父母對我們那深厚、不求回報的愛有多偉大！我們能做也該做的是，除了以實際行動關心、照顧日益衰老的父母外，也要把我們從父母身上得到的這份愛傳承下去，用心去愛我們的孩子。

每每從新聞報導中，看到一些大人虐待自己或別人小孩的消息，我總是感到心痛不已。根究其原因，我認為這與這些大人在童年時期，沒有獲得來自父母足夠的愛有關。正因為如此，他們無法體會親情之間愛的力量，也沒有機會培養愛人的能力，長大成人後，更無法複製這份愛給孩子，這是令人相當遺憾的事。我深信，父母對孩子的愛，是可以一代又一代不間斷的傳承下去的。如果你始終未能從父母那兒得到健全的愛與支持，請不要讓自己落入永無止境的悲傷漩渦中，請好好把自己愛回來，然後從你開始，把愛傳承下去，讓你的孩子和你孩子的孩子……每一代都在這愛的正向連結中得到滋潤，成為有能力珍愛自己、也善待他人的圓滿個體。

《永遠愛你》
作者：羅伯特 · 曼斯基 (Robert Munsch)
譯者：林芳萍
繪者：陳致元
和英文化提供

LOVE 024

繪本給你教養力——在故事裡和孩子一起成長

作　者——李貞慧
主　編——李國祥
封面設計——兒日設計
編輯顧問——李采洪
發 行 人——趙政岷
出 版 者——時報文化出版企業股份有限公司
10803台北市和平西路三段二四〇號三樓
發行專線——（〇二）二三〇六—六八四二
讀者服務專線——〇八〇〇—二三一—七〇五
（〇二）二三〇四—七一〇三
讀者服務傳真——（〇二）二三〇四—六八五八
郵撥——一九三四四七二四時報文化出版公司
信箱——臺北郵政七九～九九信箱
時報悅讀網——http://www.readingtimes.com.tw
電子郵箱——genre@readingtimes.com.tw
法律顧問——理律法律事務所　陳長文律師、李念祖律師
印　刷——和楹彩色印刷有限公司
初版一刷——二〇一八年十二月二十一日
定價——新臺幣三二〇元
（缺頁或破損的書，請寄回更換）

時報文化出版公司成立於一九七五年，
並於一九九九年股票上櫃公開發行，於二〇〇八年脫離中時集團非屬旺中，
以「尊重智慧與創意的文化事業」為信念。

繪本給你教養力 / 李貞慧著；-- 初版.
-- 臺北市：時報文化, 2018.12
面；　公分 --（LOVE；24）

ISBN 978-957-13-7639-4（平裝）

1.推薦書目 2.親職教育 3.繪本

012.3　　107021280

ISBN 978-957-13-7639-4
Printed in Taiwan